INICIAÇÃO À VIDA CRISTÃ

Dados Internacionais de Catalogação na Publicação (CIP)
(Câmara Brasileira do Livro, SP, Brasil)

Iniciação à vida cristã : Batismo de crianças : catequista / Núcleo de Catequese Paulinas. - 6. ed. -- São Paulo : Paulinas, 2020. (Coleção Água e espírito)

Edição revista conforme o Documento n. 107 da CNBB
Bibliografia
ISBN 978-85-356-4584-2

1. Batismo – Preparação e ensino 2. Batismo – Igreja Católica 3. Sacramentos – Igreja Católica I. Núcleo de Catequese Paulinas

19-2433 CDD 234.161

Índice para catálogo sistemático:

1. Batismo – Igreja Católica 234.161

Bibliotecária – Angélica Ilacqua CRB-8/7057

6ª edição – 2020

Direção-geral: *Flávia Reginatto*
Editores responsáveis: *Vera Ivanise Bombonatto e Antonio Francisco Lelo*
Redatores: *Antonio Francisco Lelo (coordenador), Paulo César Dictoro e Celson Altenhofen*
Copidesque: *Anoar Jarbas Provenzi*
Revisão: *Ruth Mitzuie Kluska e Jaci Dantas*
Direção de arte: *Irma Cipriani*
Gerente de produção: *Felício Calegaro Neto*
Projeto gráfco: *Manuel Rebelato Miramontes*
Ilustração de capa: *Gustavo Montebello*
Diagramação: *Tiago Filu*

Paulinas

Rua Dona Inácia Uchoa, 62
04110-020 – São Paulo – SP (Brasil)
Tel.: (11) 2125-3500
http://www.paulinas.com.br – editora@paulinas.com.br
Telemarketing e SAC: 0800-7010081

Núcleo de Catequese Paulinas – Nucap

Iniciação à vida cristã

Batismo de Crianças

Livro do Catequista

Edição revista conforme o Documento n. 107 da CNBB,
Iniciação à vida cristã: itinerário para formar discípulos missionários

Paulinas

Promover a pastoral do Batismo quer dizer
promover a verdadeira construção da comunidade.
É no interior de uma pastoral com sentido
– missionária, litúrgica, educadora –
que se instala e pode progredir a pastoral concreta
em torno do sacramento da fé.

Essa afirmação não quer dizer que não se possa fazer nada
até que se tenha "construído a comunidade".
Isso é absolutamente um equívoco.
A Igreja não está nunca construída completamente,
e é o Senhor quem a constrói na realidade.
A nós cabe trabalhar com responsabilidade, com zelo e
com espírito de serviço, naquelas tarefas que o Senhor
mesmo nos confiou. E estas têm sido:
pregai, batizai, conduzi os homens e mulheres
à luz da Palavra de Deus.

Dom Pere Tena

A catequese não prepara simplesmente
para este ou aquele sacramento.
O sacramento é uma consequência de uma adesão
à proposta do Reino, vivida na Igreja.
Nosso processo de crescimento da fé é permanente;
os sacramentos alimentam esse processo
e têm consequências na vida.
Diretório nacional de catequese, n. 50

Sumário

Introdução

Batismo, Confirmação e Eucaristia são três momentos sacramentais da inserção e configuração do ser humano em Cristo e, por consequência, na comunhão de seu corpo, a Igreja. Esses sacramentos têm razão de ser em um caminho de fé e de conversão, que no conjunto chamamos de "iniciação à vida cristã". Há que conceber essa iniciação não como uma catequese fragmentada que entenda a esses três sacramentos separadamente, com efeitos diversos e sem ligação entre si. O grande "sacramento de iniciação à cristã" constitui uma unidade e requer um processo experiencial e progressivo de amadurecimento da fé.

Atualmente, a pastoral do Batismo de crianças compreende seus agentes como verdadeiros *catequistas da família*, participantes de um único processo de educação da fé. Daí a importância de estabelecer a estreita relação que existe entre as pastorais desses três sacramentos em um real itinerário de educação da fé. Eis a grande e urgente tarefa da paróquia: repensar conjuntamente os tempos da iniciação cristã em um só processo de evangelização que também contemple as famílias.

A pastoral do Batismo de crianças visa reanimar a chama da fé dos pais e padrinhos, isto é, cativá-los para retomarem a vida cristã e levarem a sério a participação na vida comunitária, particularmente nas celebrações dominicais. Somente assim poderão cumprir a bela missão que a Igreja lhes confere como condição para aceitar o pedido de Batismo para seus filhos: a educação da fé da criança.

Motivados pelo sacramento que acreditam ser um dom de Deus na vida do recém-nascido, pais e padrinhos têm a oportunidade de ser acolhidos na comunidade, ouvirem o querigma (a mensagem) e sentirem o testemunho sincero dos catequistas do

Batismo. Quem sabe a partir dessa primeira aproximação não poderá resultar um interesse maior pela vivência da fé em comunidade, um modo menos individualista e subjetivo de perceber a fé.

A iniciação de crianças põe-se como ocasião oportuna para a paróquia rever a iniciação dos pais e propor, corajosamente, o catecumenato pós-batismal para aqueles que não participam da comunidade nem receberam os sacramentos da Confirmação e/ou da Eucaristia. Assim, a atenção se volta das crianças para os adultos e, em particular, para a família.

Este subsídio se divide em três partes. A Parte I – *Ampliação dos horizontes* – visa alargar a compreensão do sacramento na pastoral e compõe-se de quatro capítulos:

1º *A história do Batismo no Brasil:* explicita amplamente as consequências da motivação popular ao solicitar o Batismo.

2º *A pastoral do Batismo:* contextualiza este sacramento na pastoral da iniciação cristã segundo as recentes orientações da Igreja e oferece orientações práticas para a formação da equipe, métodos etc.

3º *A família:* chama a atenção para uma compreensão mais ampla das famílias, sem levantar preconceitos e assegurando o compromisso de educação da fé da criança.

4º O *acolhimento na fé:* motiva a prática da acolhida da família como primeira condição para acontecer o anúncio.

A Parte II – *Temas para os encontros* – visa diretamente refletir os temas a serem tratados na catequese dos pais. São mais cinco capítulos:

5º O *querigma:* traça as linhas do primeiro anúncio de conversão diante da Boa-Nova do Reino inaugurado por Cristo.

6º *A celebração do Batismo:* apresenta os ritos e os símbolos da liturgia batismal visando a uma participação ativa, consciente e frutuosa.

7º *A celebração da água viva:* sugere uma celebração com a finalidade de sensibilizar o grupo em torno do gesto principal do Batismo: o banho d'água.

8º *Os efeitos do Batismo:* apresenta os compromissos de vida nova que o Batismo gera.

9º *A comunidade cristã:* trata da apresentação, acolhida e participação dos pais e padrinhos na comunidade eclesial.

A Parte III – *Subsídio e anexo* – tem dois capítulos:

- *Subsídio – Rito para o Batismo de várias crianças:* traz o roteiro da celebração do Batismo.
- *Anexo – Batismo nas Igrejas cristãs:* apresenta a relação da validade dos Batismos realizados em outras Igrejas cristãs.

Este subsídio do catequista contempla as seguintes modalidades: a reunião geral dos pais e padrinhos na paróquia ou comunidade, ou a reunião dos agentes na casa dos pais. Outras paróquias adotam as duas coisas. Em vista disso, preparamos dois subsídios próprios para pais e padrinhos:

1) em forma de palestra, esse subsídio segue mais de perto os temas da segunda parte deste livro;[1]

2) o outro se situa numa paróquia que adota a visita domiciliar na pastoral do Batismo; a família inscreve a criança e fica aguardando a visita dos agentes em casa. Tais visitas contemplam um momento de oração, reflexão da Palavra e de diálogo acolhedor.[2]

---

[1] NUCAP. *Iniciação à vida cristã*: Batismo de crianças – Pais e Padrinhos. São Paulo: Paulinas, 2008.

[2] NUCAP. *Iniciação à vida cristã*: catequese familiar do Batismo. São Paulo: Paulinas, 2016.

Parte I
Ampliação dos horizontes

1º capítulo

A história do Batismo no Brasil

A pastoral do Batismo de crianças costuma trazer muitas perguntas para a comunidade cristã. De um lado os agentes desanimam ao constatar a pouca evangelização, a superficial vivência comunitária e os fracos motivos daqueles que pedem o Batismo para as crianças. Porém, o fato de o povo solicitar o Batismo com tamanho empenho indica que tal situação tem raízes profundas e antigas que formam as bases de sua piedade.

Este capítulo contextualiza historicamente o Batismo desde o período do Brasil colônia e alarga e fundamenta a visão desse sacramento em nossa Igreja para nos ajudar a compreender melhor a motivação que ele desperta no povo.[1]

Desde o tempo da colônia

A história dos sacramentos da iniciação cristã no Brasil inscreve-se na intrincada união da Igreja com o império colonial, com as inevitáveis contradições do processo histórico da exploração da colônia. Faz-se necessário compreender como o Batismo, sacramento da fé, foi transplantado da Europa para o Brasil nessa época e como evoluiu até nossos dias. A recepção do Batismo católico, transmitido pela fé medieval popular europeia, recebe influência do povo indígena e do povo negro. A piedade popular é considerada uma primeira síntese desse encontro, atribui um vivo sentido aos sacramentos e cria uma série de sacramentais ao seu redor.

---

[1] Os temas deste capítulo foram adaptados de: LELO, A. F. A iniciação cristã no Brasil. *Revista de Catequese*, ano 27, n. 107, pp. 5-18, jul./set. 2004.

No período colonial e imperial, por quase quatro séculos, a fé católica foi mantida como religião oficial do Estado. Nessa época, o Batismo esteve ligado, de alguma forma, ao aniquilamento e à conversão das nações indígenas em mão de obra a serviço da metrópole, como também ao tráfico de cerca de cinco milhões de escravos negros.[2] Esses dados levam o historiador Hoornaert a concluir: "Conhecer a história do Batismo no Brasil é reconhecer a sua relação com a pacificação, redução, escravidão, a partir da instituição eclesiástica".[3] Na mentalidade colonial brasileira, a identificação entre Batismo e escravidão era de tal sorte aceita que a certidão de Batismo funcionava como certidão de captura, de domínio do branco sobre o indígena.[4]

O Batismo funcionava dentro do processo do "descimento" ou "redução" dos grupos indígenas de sua aldeia tradicional para o aldeamento cristão, com a finalidade de batizá-los e dar-lhes a consequente cristianização. Numerosos relatos jesuíticos falam do Batismo, sobretudo durante as epidemias que eram frequentes por ocasião do contato com os brancos. Em relação ao índio foram tomadas atitudes, algumas contra a escravização, outras aceitando a guerra justa, submetendo-os pela força à fé cristã.

A empresa colonial de desbravamento e exploração do novo mundo somente era possível com o braço escravo para o plantio, extração mineral e exportação.[5] O negro, "aliciado para incrementar a produção açucareira, comporia o contingente fundamental da mão de obra".[6] Era crença comum que o maior bem que se poderia prestar aos escravos e indígenas era administrar-lhes o Batismo: "Que nenhum escravo seja embarcado sem ter sido batizado cuidadosamente, a fim de que nenhum deles morra sem

---

[2] Cf. RIBEIRO, D. O *povo brasileiro*: a formação e o sentido do Brasil. 2. ed. São Paulo: Companhia das Letras, 1996. p. 228.

[3] HOORNAERT, E. A cristandade durante a primeira época colonial. In: VV.AA. Comissão de Estudos de História da Igreja na América Latina: história geral da Igreja na América Latina. *História da Igreja no Brasil*: ensaio de interpretação a partir do povo. Petrópolis: Vozes, 1992. t. II/1, p. 306.

[4] Ibid., p. 304.

[5] Cf. HOORNAERT, E. A evangelização do Brasil durante a primeira época colonial. In: VV.AA. *História da Igreja no Brasil*, p. 59.

[6] RIBEIRO, O *povo brasileiro*, p. 114.

ter recebido este sacramento, sendo isto o maior serviço que podem prestar à glória de Deus todas as pessoas que trabalham no comércio dos escravos".[7]

A certidão de Batismo tinha os efeitos civis que comprovavam a posse do escravo pelo senhor. Beozzo apresenta o termo de transcrição extraído do livro de registro de Batismo reservado para os escravos. O direito de propriedade do senhor era pleno e ilimitado, e ele o exercia desde o nascimento do escravo.[8] Hoornaert assim escreve: "Quanto aos africanos, existia uma ordem régia emanada de Dom João III [...]: os escravos de Angola tinham que ser marcados no peito, a ferro em brasa, com o selo real: coroa ou cruz, como prova de que o imposto real sobre cada 'peça' tinha sido pago. Ora, essa marca funcionava também como certificado de Batismo, o que significa que houve Batismo em grupo, já em Angola, antes do embarque nos navios negreiros. Dom João VI, ainda em 1813, mandou substituir essa marca de ferro em brasa no peito por uma argola pendurada ao pescoço do escravo, a qual tinha o mesmo significado. Para os africanos não provenientes de Angola havia um prazo de um ano no máximo para instrução prévia ao Batismo, pelo menos em teoria, o que explica que muitos africanos chegaram aos engenhos ainda não batizados. Mas a administração colonial considerava essa situação irregular, de sorte que publicou em 1756 uma lei obrigando os navios negreiros a terem capelão a bordo para batizar e instruir na fé".[9]

Uma vez que os africanos estavam engajados como escravos nos engenhos ou nas fazendas, o Batismo se colocava como uma questão de sobrevivência: quem não era batizado simplesmente não era considerado "gente". Os viajantes do Brasil antigo, como Koster, Tollenare e outros, relatam o contraste, neste ponto, entre os indígenas e os africanos, sendo que aqueles só aceitaram o Batismo com dificuldade, só para receber presentes, enquanto os

---

[7] VERGER, P. *Flux et reflux de la traite des negres entre le golfe de Bénin et Bahia de todos os Santos*. Paris: Mouton, 1968, citado por: HOORNAERT, A cristandade durante a primeira época colonial, p. 303.

[8] Cf. BEOZZO, J. O. A Igreja na crise final do Império (1875-1888). In: VV.AA. *História da Igreja no Brasil*, t. II/2, p. 273.

[9] HOORNAERT, A. cristandade durante a primeira época colonial, pp. 302-303.

africanos desejavam o Batismo porque lhes dava uma posição na sociedade brasileira. Frequentemente, sobretudo na segunda parte do século 19, procedia-se à "alforria na pia", isto é, o afilhado negro ganhava do senhor sua liberdade ao receber o Batismo, pois sua mãe escrava era também a ama de leite que ficava morando no engenho e, por conseguinte, a criança também, resultando em sua permanência por toda a vida na mesma família.[10]

O primeiro livro das *Constituições do Arcebispado da Bahia,*[11] sediado na cidade de Salvador, sede primaz do Brasil e centro mais desenvolvido da colônia, é inteiramente dedicado aos problemas da administração dos sacramentos. Dez títulos tratam do Batismo, dois da Confirmação, nove da Eucaristia, além dos demais sacramentos. Havia um catecismo abreviado adaptado com seis perguntas aos escravos chamados "rudes", e havia exceção para os "brutos ou boçais" que não sabiam nada da língua portuguesa. As prescrições urgiam o Batismo de escravos por seus senhores, o mais rapidamente possível, e desde que estes estivessem iniciados nesses poucos rudimentos da fé.[12]

A Igreja acaba confiando praticamente a catequese do negro ao próprio senhor de escravos. A este ela pedirá que suavize a dura condição do escravo, e o nomeia responsável perante Deus de seu destino religioso; do escravo se pedirá obediência e subserviência ao seu legítimo dono.[13] Beozzo comenta que não houve para os escravos no Brasil nada que se assemelhasse ao esforço dos jesuítas na catequese do índio. Não se tem notícia de catecismos na língua das diversas nações africanas.[14] Os bispos da América Latina e Caribe reunidos em Santo Domingo, por ocasião dos 500 anos do encontro das duas culturas e da chegada da fé neste continente,

---

[10] Cf. ibid., p. 306.

[11] MONTEIRO DA VIDE, S. *Constituições Primeiras do Arcebispado da Bahia, 1707*. 2. ed. São Paulo: Tipografia Dois de Dezembro, 1853.

[12] Cf. BEOZZO, A Igreja na crise final do Império (1875-1888), pp. 255-308.

[13] Cf. ibid., p. 264.

[14] Ibid., p. 263. Hoornaert é do mesmo parecer: "A catequese se dirige muito mais aos indígenas do que aos africanos, embora estes sejam mais numerosos [...]. Os primeiros catecismos para os indígenas já foram elaborados no século 16, e constantemente atualizados e melhorados, enquanto temos que esperar até o ano 1697 para ver publicada a primeira 'arte da língua de Angola', da autoria do Padre Pedro Dias" (HOORNAERT, A evangelização do Brasil durante a primeira época colonial, p. 119).

pedem perdão e reconhecem com pesar: "Um dos episódios mais tristes da história latino-americana e caribenha foi o translado forçado, como escravos, de um enorme número de africanos".[15]

As raízes populares do Batismo

O desenvolvimento da iniciação na Igreja do Brasil foi condicionado pela profunda espiritualidade religiosa dos indígenas e dos africanos. Devemos acrescentar, ainda, a religiosidade cristã sobre o Batismo tido como meio necessário para a salvação trazida pelas sucessivas correntes migratórias dos europeus. Esses elementos associados formaram a base da expressão religiosa cristã do país, que, de maneira consciente ou inconsciente, impele as pessoas a pedirem o Batismo para seus filhos com as mais variadas razões.[16]

O dado fundamental refere-se à conservação da vida diante das forças da morte. A migração massiva nas grandes cidades gera uma espiral de violência, as vastas favelas, o analfabetismo e o desemprego. As famílias terão de lutar contra as enfermidades, a desnutrição e as mínimas condições de vida. O Batismo torna-se um ritual de proteção, devido à fragilidade do recém-nascido, por causa da pobreza e da crença em uma religião de cura. Batizar significa pôr-se nas mãos de Deus, receber o estatuto de ser humano, de ser filho de Deus. O Batismo confere dignidade a todas as crianças, sem distinção. O inverso dessa realidade é nefasto, pois "ter um pagão em casa atrai má sorte"; há que viver como Deus quis que vivêssemos: livres da condenação e do castigo.

Durante a gravidez, os pais, e de modo especial a mãe, experimentam a vida como sagrada, como dom de Deus. O parto aumenta ainda mais a gratidão e a alegria dos pais. O nascimento de cada criança é um sinal da vontade de Deus. Deus é sentido na gestação e no parto como doador da vida. O Batismo é o

---

15 IV CONFERÊNCIA GERAL DO EPISCOPADO LATINO-AMERICANO, *Santo Domingo*, n. 20.

16 A CNBB já apontava, em 1973, algumas razões que levavam o povo a pedir o Batismo (cf. *Pastoral dos sacramentos da iniciação cristã*. 2. ed. São Paulo: Paulinas, 1974. p. 1. [Documentos da CNBB, n. 2a]).

reconhecimento de que a criança foi dada por Deus, pertence a ele e só este pode cuidar dela, agora e sempre. O Batismo é uma consagração da criança.

É muito comum a crença no poder curativo do Batismo. Diante do recém-nascido doente, recorre-se a Deus não por luxo ou por simples devoção, senão porque de Deus se necessita para não morrer. A convicção de quem o busca resume-se nesta afirmação cheia de certeza: "Quando for batizado, ele ficará curado, livre da doença". No fundo, o povo tem a percepção de que a vida é um dom de Deus, que deve ser acolhida, celebrada e defendida dos perigos. Trata-se de uma grande festa da família e da comunidade. Considera-se importante a bênção da Igreja e o derramamento de água sobre a cabeça da criança.[17]

Ao redor do Batismo, podemos identificar uma série de rituais populares: a água benta, os exorcismos, a devoção à Santa Cruz, a oração do Credo etc. O apreço pela água transforma-a em um sacramental popular de uso variado, o qual abarca exorcismos, bênçãos de pessoas. Popularmente significa proteção e vida nova, tem o poder de purificar dos pecados e de afastar o maligno. Conservá-la em casa traz proteção e bênção. Toda benzedeira não hesita em levá-la consigo.

O povo intui a grandeza do Batismo. Muitas vezes não sabe levar a termo a vivência do sacramento, mas o valoriza muito, a ponto de enfrentar a resistência dos agentes ao ser questionado por seu comprometimento cristão.

A piedade popular "traduz em si uma certa sede de Deus, que somente os pobres e os simples podem experimentar; ela torna as pessoas capazes para terem rasgos de generosidade e predispõe-nas para o sacrifício até o heroísmo, quando se trata de manifestar a fé; ela comporta um apurado sentido dos atributos profundos de Deus: a paternidade, a providência, a presença amorosa e constante etc. Ela, depois, suscita atitudes interiores que raramente se observam alhures no mesmo grau: paciência,

---

[17] Cf. CODINA, V.; IRARRAZAVAL, D. *Sacramentos de iniciação*: água e espírito de liberdade. Petrópolis: Vozes, 1988. p. 46. (Teologia e Libertação, s. IV, t. VI: A Igreja, sacramento da libertação).

sentido da cruz na vida cotidiana, desapego, aceitação dos outros, dedicação, devoção etc.".[18]

Para conhecer a riqueza da piedade popular, será necessário considerar o que o Papa Francisco alerta: "O pregador também precisa ouvir o povo, para descobrir o que os fiéis necessitam escutar. Um pregador é um contemplativo da Palavra e também um contemplativo do povo".[19] Ou seja, um ouvido no povo e outro no Evangelho.

Portanto, pode-se partir da sensibilidade de fé, da abertura religiosa, naturalmente presente nas pessoas, ou dos acontecimentos e situações que as envolvem, e daí as ajudar a sentir a presença e ação salvadoras de Deus no Batismo. Valorizemos os elementos que formam e caracterizam a piedade de nosso povo!

A catequese partirá das inquietações e devoções das famílias para amadurecer sua fé no horizonte da doação e da identificação com Cristo, sem se apoiar nas contundentes promessas da teologia da prosperidade. "A educação na fé supõe [...] discernimento na busca de Deus, [...] e condução de todas as nossas devoções e práticas religiosas ao Mistério Pascal."[20]

A equipe dos agentes se sentirá recompensada por ter um público que valorize e busque o sacramento e, muitas vezes, escute pela primeira vez o anúncio libertador de Jesus Cristo, tendo contato inicial com a comunidade, depois de ter-se deparado com tantos preconceitos e caricaturas relacionados a ela.

Algumas dicas para a equipe

Os dados históricos nos ajudam a entender melhor por que as pessoas pedem o Batismo para seus filhos, mesmo sem uma motivação de fé adequada. O Batismo tornou-se sinal de reconhecimento público na sociedade, visto que era celebrado numa

---

18 PAULO VI. Exortação apostólica *Evangelii Nuntiandi*. São Paulo: Paulinas, 2015. n. 48.

19 FRANCISCO. Exortação apostólica *Evangelii Gaudium*. São Paulo: Paulinas, 2013. n. 154.

20 CNBB. *Iniciação à vida cristã*: itinerário para formar discípulos missionários. Brasília: Edições CNBB, 2017. n. 151. (Documentos da CNBB 107).

sociedade uniformemente cristã, onde só era possível ser cristão. Conferia o estatuto de ser humano para aqueles que eram desrespeitados em sua dignidade.

Por isso, não devemos ser tão apressados em avaliar as motivações dos pais ao pedirem o Batismo para seus filhos. O catequista pode medir o que representa socialmente ser batizado na Igreja. A motivação aparentemente social traz um lastro histórico bastante profundo e com muitas consequências ainda hoje.

Outro dado importante: o Batismo é concebido como um dom de Deus na vida humana. O povo é o primeiro a reconhecer esse valor e a buscá-lo para si. Sendo assim, negar o Batismo passa a ser coisa gravíssima, a ponto de se receber ameaças de morte.

A nova sensibilidade religiosa questiona o Batismo de crianças quanto à definição da identidade do cristão na sociedade e seu sentido de pertença a uma comunidade de fé. Ela também estimula a cuidar mais da beleza da celebração com cantos mais expressivos do gosto popular, com manifestação pública de testemunhos de conversões, de curas e de vivência do Evangelho. Ressalta a dimensão pessoal da fé e da oração, e oferece a certeza da salvação e a providência de Deus na vida de cada um.

2º capítulo

A pastoral do Batismo

É chegada a hora de reformularmos a iniciação à vida cristã, ainda marcada pela fragmentação dos seus três sacramentos. Finalmente, compreender que são os três em conjunto que configuram a pessoa em Cristo, juntamente com a catequese que promove a conversão pelo anúncio da Palavra de Deus.[1] A unidade do processo garante alcançar o seu objetivo: a vivência do mistério da fé, ou seja, viver como alguém que foi iniciado/transformado pela fé.

"Uma prática litúrgico-catequética que respeite a unidade destes três sacramentos ajudará a superar a prática pastoral fragmentada e desarticulada, e a construir verdadeiros processos de iniciação cristã. A prática da unidade da iniciação cristã ajudará os fiéis a forjar sua identidade, e a comunidade eclesial a descobrir-se como comunidade de discípulos e missionários."[2]

É preciso construir um novo modelo de iniciação, tendo a preocupação de cumprir o processo integralmente. "Assumir essa iniciação cristã exige [mais do que] uma renovação de modalidade catequética da paróquia."[3] Faz-nos pensar a pastoral da iniciação cristã como um todo, no qual os catequistas do Batismo de crianças têm seu lugar, com a atribuição especial de proclamar o querigma e testemunhar a fé com alegria numa comunidade viva.

A celebração sacramental do Batismo situa-se no interior do processo catequético, porém, não deve ser apresentada como

---

1 Cf. CNBB. *Iniciação à vida cristã*: itinerário para formar discípulos missionários. Brasília: Edições CNBB, 2017. n. 124. (Documentos da CNBB 107).

2 III SEMANA LATINO-AMERICANA DE CATEQUESE. Discípulos e missionários de Jesus Cristo. *Revista de Catequese*, ano 29, n. 114, p. 49, abr./jun. 2006.

3 CELAM. *Documento de Aparecida*: texto conclusivo da V Conferência Geral do Episcopado Latino-Americano e do Caribe. São Paulo: Paulus/Paulinas, 2007. n. 294.

meta final. A sua meta última é iniciar a experiência de fé cristã. Daí o insistente pedido de mudança de vocabulário: não focar na preparação sacramental, que é pontual e carrega consigo a noção de curso que acaba, e sim na ideia de iniciação para o exercício da vida cristã.

Por isso, torna-se importante a paróquia planejar em conjunto o Batismo de crianças, a iniciação à Eucaristia e Crisma e a catequese com os adultos, buscando sempre um itinerário, o mais completo possível, de iniciação à vida cristã. Mesmo que cada idade compreenda uma metodologia específica, nada impedirá que os catequistas de cada um desses sacramentos trabalhem em conjunto. "Urge recuperar a unidade pastoral entre os três [...] no mesmo caminho de fé, como experiência vital e de crescimento [...] [como] etapas de um único processo de mergulho na vida iluminada por Cristo e testemunhada na Igreja."[4]

"Tudo isso implica o compromisso de favorecer na ação pastoral uma compreensão mais unitária do percurso de Iniciação à Vida Cristã. [...] Pode haver períodos de tempo entre eles, sem que a unidade seja quebrada."[5]

"Cada paróquia, fiel à organização diocesana e de acordo com a proposta transformadora da Iniciação à Vida Cristã (IVC), há de constituir uma Coordenação Paroquial de Iniciação à Vida Cristã, com os encarregados da preparação ao Batismo, Crisma e Eucaristia. A comissão não poderá ficar restrita ao âmbito da catequese, mas efetivamente abranger o conjunto da comunidade paroquial."[6]

A constituição da Comissão de IVC paroquial visa à boa articulação das atividades do processo por meio da ação do planejamento e da formação comum com os agentes destes três sacramentos. Essa comissão poderá ser formada pelo pároco, catequistas, coordenadores de grupos de jovens, pastoral familiar, pastoral litúrgica, do Batismo e outras pastorais. A formação dessa comissão será o primeiro passo para concretizar o processo.

---

4 CNBB. *Iniciação à vida cristã*, n. 126.

5 Ibid., n. 127.

6 Ibid., n. 153.

O RESGATE DO ESTILO CATECUMENAL

A metodologia que os cristãos das primeiras gerações seguiram para acolher os adultos que queriam ser iniciados tornou-se modelo para todas as gerações, inclusive para as de hoje, e divide-se em três etapas de acordo com a idade. Sendo assim, muitos elementos da iniciação cristã dos primeiros séculos poderão nortear a catequese de hoje. Por isso, o *Diretório nacional de catequese* insiste no caráter catecumenal como modelo de toda catequese.[7] Recuperar a inspiração catecumenal significa restituir à fé cristã sua dimensão de proposta, de escolha livre, de conversão, de progressiva conformação ao mistério de Cristo, de testemunho de vida.

Vamos abordar algumas dessas características aplicadas ao Batismo de crianças:

- O alto grau de responsabilidade da comunidade para preparar e acolher seus novos membros. Fica patente a missão dos adultos (padrinhos, catequistas, pároco, comunidade cristã) como sujeitos ativos no Batismo e na educação da fé da criança. A iniciação cristã na tradição da Igreja é tarefa de toda a comunidade: é o seio da Igreja que gera a fé.

- A iniciação de crianças como ocasião oportuna para rever a iniciação dos pais. É fundamental que a pastoral do Batismo acolha esses cristãos, apresente-lhes a Igreja encarnada na prática da vida comunitária da paróquia e ofereça o catecumenato pós-batismal para esses pais e padrinhos completarem a iniciação cristã com uma adequada experiência de fé, proporcionada pela catequese, pela Confirmação e pela Eucaristia.[8]

- "O Batismo das crianças é uma excelente oportunidade para uma experiência catecumenal. Mais do que um 'curso

---

[7] Cf. CNBB. *Diretório nacional de catequese*. São Paulo: Paulinas, 2006. nn. 45, 49c.e. (Documentos da CNBB, n. 84).

[8] Para essa finalidade, recomendamos: BRUSTOLIN, L. A ; LELO, A. F. *Iniciação à Vida Cristã*: Batismo, Confirmação e Eucaristia de adultos. São Paulo: Paulinas, 2006.

para pais e padrinhos', de efeitos muito limitados, é ocasião para um acompanhamento personalizado da família."[9]

- A centralidade da fé em Jesus Cristo: "A inspiração catecumenal [...] faz [a Igreja] assumir sua natureza originária: ser Igreja querigmática (anunciadora da verdade fundamental manifestada em Cristo) e missionária".[10]
- A centralidade pascal que se dá por uma progressiva introdução neste mistério a partir dos símbolos celebrados e posteriormente na experiência comunitária.

A EQUIPE

Há, inicialmente, o grande desafio de formar a equipe, composta pelo pároco e por alguns leigos. Não basta se contentar com uma ou duas pessoas encarregadas de conversar com os pais e atuar durante a celebração. Os catequistas do Batismo procurem não só se preparar na doutrina sobre esse sacramento mas também se familiarizar com as Sagradas Escrituras e ter conhecimento dos trabalhos pastorais da comunidade.

A equipe facilitará o rodízio dos membros nas diversas funções, como também alternará seus membros entre as tarefas da catequese propriamente ditas e aquelas da celebração litúrgica. É importante que haja uma renovação a cada dois anos dos membros que compõem a equipe, ao menos em 50% dos participantes.

Para a equipe vencer o cansaço de trabalhar sempre com um público, na maioria das vezes ausente da comunidade, acreditamos na necessidade da catequese continuada para que a equipe tenha condições de revisar os conteúdos e a metodologia de ação, mas principalmente para que os integrantes possam crescer na experiência de fé e na consciência de missão.

Não é fácil refletir o coração misericordioso de Jesus Cristo, o Bom Pastor. A equipe deverá preparar-se para acolher bem

---

[9] CNBB. *Iniciação à vida cristã*, n. 200.

[10] Ibid., n. 107.

os pais e padrinhos, ter condições de estabelecer um diálogo respeitoso; que escute com serenidade e coloque-se a serviço das pessoas, especialmente na busca de soluções para as dificuldades apresentadas.

As formas de catequese batismal

Este subsídio contempla duas modalidades possíveis: a reunião geral dos pais e padrinhos na paróquia ou comunidade, ou a reunião na casa dos pais que solicitaram o Batismo. Por isso, preparamos dois tipos de subsídios para pais e padrinhos. Um segue mais de perto os temas deste livro[11] e o outro se situa numa paróquia que faz a escolha de promover a catequese batismal em família,[12] contemplando ou não o encontro conjunto com os pais e padrinhos antes da celebração.

"É indispensável que todos os ministros hierárquicos de uma região adotem os mesmos padrões de preparação e celebração do Batismo. A fuga de fiéis para outros lugares, onde o Batismo se celebra sem exigências, é ruptura da unidade e sinal de uma pastoral que não educa o povo."[13]

"A família é chamada a ser lugar de iniciação, onde se aprende a rezar e a viver os valores da fé. Aos pais cristãos cabe a primeira responsabilidade pela formação de seus filhos no seguimento de Jesus Cristo."[14] Qualquer tipo de estruturação familiar não isenta os responsáveis de assumir e educar as crianças numa formação cristã e religiosa, que as ajude rumo à transcendência.

"Já antes do nascimento da criança, é possível ajudar as famílias a acolher a nova vida como dom de Deus. Os catequistas de Batismo visitam a família para acolher suas motivações e anunciar o amor de Deus, revelado em Jesus Cristo (querigma)."[15]

---

[11] NUCAP. *Iniciação à vida cristã*: Batismo de crianças. Pais e padrinhos. São Paulo: Paulinas, 2008.

[12] NUCAP. *Iniciação à vida cristã*: catequese familiar do Batismo. São Paulo: Paulinas, 2016.

[13] CNBB. *Batismo de crianças*. São Paulo: Paulinas, 1980. n. 146. (Documentos da CNBB, n. 19).

[14] CNBB. *Iniciação à vida cristã*, n. 199.

[15] Ibid., n. 200.

A família precisa ser ajudada a crescer na vida cristã, a melhorar o próprio ambiente familiar. Assim é que a graça do Batismo poderá se desenvolver.

A equipe ou casal visitador estará atento para tomar alguns cuidados básicos, como: combinar e respeitar o horário marcado de início e fim da visita; dar preferência a ir até as casas mais pobres; alegrar-se por conhecer a família; valorizar o que puder ser notado exteriormente, como flores, enfeites na sala etc.; acolher a todos, especialmente os idosos e crianças; e orientar sobre os procedimentos e horários da paróquia/comunidade.

Cuidar para ouvir o que a família tem a dizer. Quanto mais escutamos ativamente as pessoas, mais as acolhemos em nosso íntimo, valorizamos a sua história, os acontecimentos que têm a nos relatar. Nossa palavra se reduz ao essencial. Nunca como juízo de valores sobre fatos e pessoas.

"Na casa dos pais ou na igreja, faz-se uma leitura bíblica relacionada com o Batismo, conversa-se sobre o sentido da Palavra de Deus em nossa vida, alertando os pais para a responsabilidade que têm de transmitir o Evangelho aos filhos, pela palavra, mas, sobretudo, pela vida."[16]

O PLANEJAMENTO DO ENCONTRO

Ao ser planejado o encontro na paróquia ou a visita às famílias, julgamos importante a equipe ter previamente refletido em conjunto os capítulos da primeira parte deste livro e, especificamente, pensar na incidência prática desses temas na comunidade paroquial. A equipe poderá indagar sobre: a visão conjunta do itinerário da catequese e dos três sacramentos de iniciação; a motivação popular em torno ao Batismo de crianças; o significado de acolher a todos, assim como Jesus fazia em seu tempo; o que entender por família; quais os modelos de arranjo familiar mais presentes no bairro; como conversar com os casais em segunda união.

---

[16] CNBB. *Batismo de crianças*, n. 163.

Sugerimos quatro temas para serem trabalhados como palestras, debate ou conversas em família:

- anúncio querigmático da pessoa e missão de Jesus Cristo;
- apresentação da comunidade-Igreja, do que significa ser Igreja e do porquê de optar pela Igreja Católica;
- o que é o Batismo e quais são os compromissos dos pais e padrinhos na educação cristã da criança;
- vivência da liturgia batismal.

A catequese, sobretudo, é encontro de pessoas em Cristo, troca de vivências à luz da Palavra, relação horizontal de irmãos, partilha de vida, momento orante de profissão de fé e busca de caminhos para se orientar neste mundo.

Por isso, o documento *Batismo de crianças* recomenda: "É preciso insistir que ela seja mais vivencial e educativa do que intelectual e instrutiva. Não se deveria falar em cursos, mas em reuniões ou encontros, nos quais haja *reflexão, diálogo, oração e alguma celebração*".[17]

Para combater a rotina de sucessivos encontros com pais e padrinhos, tratando sempre do mesmo tema, a equipe poderá inicialmente se reunir para rezar. A presença do pároco é indispensável, ao menos na reunião semestral.

[17] Ibid., n. 154.

Planejar melhor os encontros com os pais

Uma amiga foi convidada para uma reunião com pais dos catequizandos na comunidade onde mora. Mesmo cheia de compromissos e cansada das tarefas do dia, dispôs-se a participar do encontro. Depois de mais de uma hora ouvindo uma palestra enfadonha, sem graça, sem propósito e sem métodos de comunicação, ela não aguentou e foi embora, assim como também fizeram outros pais. Essa minha amiga, que não é lá muito ligada aos assuntos da Igreja, disse-me que naquele dia estava com a maior boa vontade para participar da reunião, mas a dinâmica utilizada cansou.

Reuniões com pais sobre a catequese são importantes, mas sou da opinião de que, quando for para convocá-los, deve-se falar algo útil. Não podemos menosprezar a capacidade de entendimento de ninguém e, se quisermos reverter um quadro desfavorável na relação entre a Igreja e eles, não será com reuniões constantes, sem acolhimento, em espaços reduzidos, com assuntos pouco atraentes e palestrantes completamente despreparados que iremos mudar o quadro.

Reuniões organizadas dessa maneira representam um retrocesso que, infelizmente, muitas comunidades insistem em realizar, achando que estão fazendo uma grande ação. Em muitos desses encontros há pouco, ou quase nenhum, cuidado com o receptor da mensagem e o emissor, no caso o catequista coordenador ou o palestrante, o qual invariavelmente se comunica mal, não sabe ao certo o que vai dizer, inicia os encontros atrasado e, por falta de planejamento, os estende além da hora, como se ninguém tivesse mais nada para fazer.

Depois de tudo isso, muitos catequistas e seus coordenadores ainda se julgam os donos da verdade e culpam os pais pela pouca participação e desinteresse nas ações da catequese.

Existe um abismo que separa a comunicação da catequese com os pais, e a Igreja ainda trata de forma amadora a comunicação. Somos despreparados para o planejamento de encontros de catequese, palestras, retiros e reuniões. Não utilizamos métodos adequados de abordagem, falamos e respiramos mal, não possuímos técnicas adequadas de nos expressar em público, usamos de forma inadequada nossos veículos de comunicação e não nos importamos em criar alternativas novas de troca de informações com a comunidade. Em resumo, estamos na idade da pedra, quando o assunto é a comunicação com o nosso público-alvo.

Essa política do "deixa assim, sempre foi assim, não vai ser agora que vamos mudar", que vigora em muitas comunidades, não me agrada e me irrita. Precisamos romper este amadorismo na relação com os pais. Precisamos chegar até eles de outra forma. Reuniões longas, com assuntos chatos e que pouco acrescentam devem ser evitadas.

Chamá-los para uma reunião de catequese para dizer como devem educar os seus filhos, ou passar sermões "sem pé nem cabeça", é uma maneira de afundar cada vez mais a tentativa de aproximá-los do convívio com a comunidade.

Os pais possuem muitas falhas na relação com seus filhos e com a Igreja, mas nós, catequistas, temos de nos organizar melhor para acolhê-los. Sem conteúdos interessantes, sem pauta de assuntos e planejamento de reuniões, vamos repetindo uma evangelização sem graça e ultrapassada, que não atinge mais ninguém.

Se quisermos mostrar uma Igreja nova e tocar os pais, precisamos saber nos comunicar com eles, tratando a comunicação de forma séria. Do contrário, corremos o risco de ver nossas reuniões e ações de catequese cada vez mais esvaziadas.[18]

[18] MENEGUZZI, A. *Paixão de anunciar*: reflexões sobre o dia a dia na catequese. São Paulo: Paulinas, 2008. pp. 60-61.

3º capítulo

A família

Os agentes da pastoral do Batismo não podem deixar de aprofundar a situação social e religiosa das famílias que pedem o Batismo em sua paróquia. Quando a equipe juntamente com o pároco refletem juntos, têm a facilidade de ter pontos de vista semelhantes, e as opiniões convergem para uma percepção comum da realidade do bairro.

Hoje em dia, conversar com os pais e padrinhos tornou-se um desafio. De um lado nos deparamos com diferentes arranjos familiares e de convivência matrimonial. Do outro lado, as referências de cada família são multiformes em razão do bombardeamento de informações, de valores e de modelos familiares.

Nas paróquias participam pessoas unidas sem o vínculo sacramental, outras estão numa segunda união, e há aquelas que vivem sozinhas sustentando os filhos. Outras configurações também se constatam como avós que criam netos ou tios que sustentam sobrinhos. Crianças são adotadas por pessoas solteiras ou do mesmo sexo, que vivem em união estável.[1]

Em sua maioria, as famílias deixaram de ser numerosas. "O impacto da pobreza em uma sociedade que sacraliza o consumo e relativiza os valores atinge a família [...]. Cresce o número de homens e mulheres que não fundam lares estáveis, levando o núcleo familiar a se desintegrar."[2]

A família, com raras exceções, deixou de ser o porto seguro das pessoas. Muitas vezes observamos que as relações são instáveis,

---

1 Cf. CNBB. *Comunidade de comunidades: uma nova paróquia* – A conversão pastoral da paróquia. São Paulo: Paulinas, 2014. n. 217. (Documentos da CNBB n. 100).

2 CNBB. *Evangelização da juventude*: desafios e perspectivas pastorais. São Paulo: Paulinas, 2007. n. 33. (Documentos da CNBB, n. 85).

deixando os filhos sem referencial de um lar permeado de amor, união e atenção.

Muitas vezes, os pais se preocupam primeiramente em informar e em suprir as necessidades materiais dos filhos (como casa, carro, computador, escola, recreação) e por isso trabalham desesperadamente. Essa educação atende à expectativa física dos catequizandos, mas espiritualmente deixa a desejar.

É por isso que salientamos a necessidade de prestar bastante atenção à configuração familiar em que aquela criança será criada e educada. Há que considerar prioritariamente as relações afetivas e os vínculos de educação, solidariedade e proteção, sem nos deter no modelo tradicional de pai, mãe e filhos.

Em todas essas situações diferenciadas de configuração familiar uma coisa não mudou: que ninguém se sinta sem família, seja qual for o modelo. Qualquer tipo de união não isenta os responsáveis de assumir e educar as crianças numa formação cristã e religiosa autênticas, que os ajude rumo à transcendência, abrindo-lhes o caminho em direção à autêntica felicidade e vivência contínua do Reino de Deus revelado por Cristo. "Sem se esquecer que os pilares da vida e espiritualidade familiar são o diálogo, o afeto, o perdão e a oração, que são expressões do amor conjugal e familiar."[3]

O COMPROMISSO BATISMAL

Ao solicitar o Batismo para os filhos, pais e familiares serão os primeiros a se perguntarem sobre a própria vivência de fé. Ao optar pelo Batismo católico, advém a responsabilidade de educar os filhos segundo a fé da Igreja. Por isso, a Igreja sempre associou a família cristã ao itinerário de iniciação: "Pelo sacramento do Matrimônio os pais recebem a graça e a responsabilidade de serem os primeiros catequistas de seus filhos. Espera-se que seja no cotidiano do lar, na harmonia e aconchego, mas também nos

---

[3] CNBB. *Diretrizes gerais da ação evangelizadora da Igreja no Brasil – 2008-2010*. São Paulo: Paulinas, 2008. n. 130. (Documentos da CNBB, n. 87).

limites e fracassos, que os filhos experimentem a alegria da proximidade de Deus através dos pais. A experiência cristã positiva, vivida no ambiente familiar, é uma marca decisiva para a vida do cristão".[4]

Ao se tornarem pais, os esposos recebem de Deus o dom de uma nova responsabilidade. Seu amor paterno está chamado a ser para os filhos o sinal visível do mesmo amor de Deus, "do que provém toda paternidade no céu e na terra", a ser modelo de família, vivência do amor trinitário, unidos pelo amor.

Os pais, antes de serem educadores do sentido simbólico de seus filhos, são símbolo revelador de Deus, de sua presença amorosa, ternura e paternidade. Segundo o ensino e a prática autêntica da Igreja, é função dos pais e padrinhos assumir a educação cristã da criança, batizada antes do uso da razão. Durante a catequese, devem tomar consciência dessa responsabilidade.

É na família que se desenvolve o despertar religioso da criança. O carinho dos pais e sua preocupação solícita com os filhos, junto com a necessidade que as crianças têm de ter referência para se reconhecer, ter segurança e situar-se no mundo, fazem com que elas confiram autoridade aos pais e que, olhando para eles como modelo, possam crescer como pessoas, despertando todas as potencialidades, entre elas, a dimensão religiosa.

Há que proporcionar desde cedo uma aproximação da criança aos símbolos cristãos, à Palavra de Deus, ao exercício da oração cotidiana. Os especialistas apontam que a criança até os seis anos possui um grande potencial de compreensão religiosa, tem facilidade de abrir-se para o Outro.

É muito comum percebermos em famílias que se recusam, ou ignoram, ou não querem aprofundar a educação religiosa de seus filhos uma triste constatação: formam, muitas vezes, personalidades adultas vulneráveis, sem princípios éticos de solidariedade, de doação, de reciprocidade etc.

Não podemos considerar uma solução o adiamento da educação religiosa até a adolescência, sob o pretexto de que o

---

[4] CNBB. *Diretório nacional de catequese*. São Paulo: Paulinas, 2006. n. 238. (Documentos da CNBB, n. 84).

próprio filho poderá optar, no momento oportuno, pela fé que melhor lhe convir.

O Evangelho é mestre. Ele nos oferece o manancial mais cristalino para educar, corrigir, fortalecer, encorajar e encher de esperança e de ideal o coração de toda pessoa. A escola do Evangelho é aquela dos princípios éticos, dos valores que dão sentido viver neste mundo para os outros, para fazer o bem e não unicamente dominados pela superficialidade das relações ou pelo consumismo vazio. Experienciar a fé com a criança será a ocasião propícia para educar o coração, a índole e a vontade daquela que começa a ver em Cristo a forma acabada do amor e da plenitude do ser humano.

Se os pais não se preocuparem em orientar a criança desde pequenina, acontecerá que elas em idade de catequese, por volta dos nove ou dez anos, chegarão à comunidade com poucos princípios básicos da fé. Muitas, por exemplo, já nesta idade ainda não conhecem as primeiras orações, não discernem o certo do errado ou não têm sensibilidade para com o outro.

"Pais, no sentido autêntico da palavra, são não só os que transmitem inicialmente a vida mas também os que cuidam dela, a alimentam e a fazem crescer até a sua plenitude. Por isso, consciente ou inconscientemente, os pais estão sempre transmitindo valores, participando da formação do caráter e da consciência dos filhos."[5]

Sabemos que a educação é um processo lento de tomada de consciência das situações, acontecimentos e necessidades das pessoas que nos envolvem. Portanto, podemos avaliar a necessidade do diálogo que traz argumentos e nos faz pensar de forma diferente; como também vemos a importância de dedicar nosso tempo para desencadear nas crianças uma nova maneira de pensar, segundo o coração de Cristo, para de fato serem iniciadas na fé da Eucaristia.

---

[5] CONSELHO NACIONAL DE IGREJAS CRISTÃS DO BRASIL – CONIC. *Os casamentos interconfessionais*: uma visão teológico-pastoral. São Paulo: Paulinas, 2007. p. 14.

A FAMÍLIA CRISTÃ

O caminho percorrido por Jesus Cristo é inseparável do ambiente familiar. Ele chegou até nós através de uma família. Igualmente, a formação cristã da criança também deverá passar pela mediação da família, sendo esta uma igreja doméstica sempre vinculada à Igreja maior, a comunidade de todos os fiéis. Temos presente que na família ocorre uma educação cristã mais testemunhada que ensinada, mais criadora de hábitos cristãos do que uma catequese organizada. Porém, um diálogo aberto sobre os conteúdos da fé cristã ensinada pela comunidade e sua relação com a vida familiar deverá buscar sempre a união entre a fé e a educação da criança.

Nessa etapa, o cultivo, o amadurecimento da fé da família e o compromisso com a comunidade cristã é fundamental para a família crescer na fé cristã e também proporcionar a requerida educação da criança. Nem sempre é fácil viver em comunidade, mas a maneira de viver a fé, a esperança e a caridade dos primeiros cristãos era sinal de salvação para o mundo. Nós também somos chamados a viver em comunidade e ser sinal de união para os outros.

Como com as primeiras comunidades (cf. Atos 2,42), hoje nos reunimos para ouvir os ensinamentos dos apóstolos, viver unidos, partilhar o pão e orar. Pela participação no Corpo e Sangue de Cristo, nos tornamos membros do mesmo Corpo (cf. 1 Coríntios 10,17), isto é, a Igreja.

A participação na comunidade para ouvir a pregação é um sinal de conversão daqueles que se sentem atraídos pela mensagem de Jesus e querem conhecer mais aquele que os chamou. É um momento de encontro com o Senhor, pois, além do ensinamento dos apóstolos, se tem a possibilidade da reunião com os demais irmãos, da oração e também da partilha na celebração do mistério vivido. Isso leva a uma mudança de vida partindo da realidade de cada pessoa.

A celebração litúrgica é uma forma sacramental de encontro com Cristo, é um modo mediante o qual o fiel pode expressar mais abertamente sua vocação cristã inserido na Igreja. Jesus está presente na comunidade reunida, nos pastores que celebram na pessoa de Cristo, nos pobres e nos pequenos que nos rodeiam.

As atitudes religiosas praticadas em casa são as que mais calam fundo no coração daquele que cresce num "clima familiar propício de diálogo, de perdão, de solidariedade, de oração familiar e de participação na comunidade que envolve a criança desde o ventre materno".[6] Ver um pai rezar, uma mãe que convoca a família para a oração ou, então, certas práticas características da família, como devoção a algum santo, missa dominical na paróquia, são as recordações que mais incentivam uma criança a desenvolver uma vida de fé. Talvez seja a hora de retomar antigos costumes que distinguem a família cristã:

- *Orar antes das refeições*. Quando for possível, reunir a família ao redor da mesa para agradecer ao Pai pelos dons recebidos e pelo trabalho realizado. A mesa da família é continuação da mesa eucarística; a grande oração presidencial de uma alcança a oração, o diálogo, a amizade e o perdão que se serve na outra.

- *Frequentar a missa dominical*. Não há dia do Senhor (domingo > *dominus* > Senhor) sem a celebração da Eucaristia, na qual o Senhor se faz presente em seu sacrifício, doando-se a todos: "O domingo não se distingue com base na simples suspensão das atividades habituais, como se fosse uma espécie de parêntese dentro do ritmo normal dos dias [...]; nele se faz memória da novidade radical trazida por Cristo [...]; 'viver segundo o domingo' significa viver consciente da libertação trazida por Cristo e realizar a própria existência como oferta de si mesmo a Deus, para que a sua vitória se manifeste plenamente a todos os homens através de uma conduta intimamente renovada".[7]

---

[6] CNBB. *Diretório nacional de catequese*, n. 239b.

[7] BENTO XVI. Exortação Apostólica pós-sinodal *Sacramentum Caritatis*: sobre a Eucaristia, fonte e ápice da vida e da missão da Igreja. São Paulo: Paulinas, 2007. n. 72.

- *Atuar na comunidade.* Muitos cristãos encontram sentido de sua fé participando das pastorais da comunidade paroquial ou praticando o voluntariado em alguma ONG. Há atividades mais tradicionais e não menos necessárias, como os vicentinos e o grupo da Legião de Maria, que prestam serviços aos doentes e pobres. Há também grupos com maior participação social e política, como as pastorais sociais (da mulher marginalizada, do menor, da criança etc.) e os conselhos de direitos, associações de moradores etc.

- *Formar grupos e comunidades.* Mesmo não sendo fácil se organizar numa sociedade urbana com horários e necessidades tão diferentes, a Igreja propõe a associação de famílias para rezar juntas, formar grupos de reflexão e partilha da Palavra confrontada com a vida, com o objetivo do intercâmbio mútuo de presença e ajuda entre as famílias. Esses grupos acabam promovendo uma abertura para outras famílias, para a Igreja e para a sociedade.

- *Participar da catequese própria com adultos.* Muitos que pedem o Batismo para os filhos deixaram de lado a vida de fé e ainda não receberam os sacramentos da Confirmação ou da Eucaristia. Há que convidar os pais ou responsáveis que não concluíram o caminho da iniciação, isto é, não receberam a Confirmação e/ou a Eucaristia, para que busquem o catecumenato pós-batismal de adultos. É muito louvável que eles sejam os primeiros a valorizar o sacramento que pedem para a criança. "A paróquia precisa ser o lugar onde se assegure a iniciação cristã, e terá como tarefas irrenunciáveis: iniciar na vida cristã os adultos batizados e não suficientemente evangelizados; educar na fé as crianças batizadas em um processo que as leve a completar sua iniciação cristã; iniciar os não batizados que, havendo escutado o querigma, querem abraçar a fé."[8]

---

[8] *Documento de Aparecida* (DAp), n. 293.

Algumas dicas para a equipe

É dificílimo aceitar que um filho não pode ser batizado por irregularidade que afeta os pais. Caberá aos pastores desenvolver a capacidade de acolhimento para encaminhar os problemas que surgirem.

Nesse sentido, "a Igreja não é 'sacramentalista' a qualquer preço. É, pois, uma mãe responsável. O que a interessa não é batizar a qualquer custo e aumentar assim sacramentalmente o número de membros da comunidade, sem saber como será a vida cristã daqueles batizados. A Igreja quer construir a comunidade dos crentes, tendo certamente diante de si o pecado e as limitações humanas, porém pondo as garantias suficientes para que este batizado possa realizar-se como tal. Não fazê-lo assim seria frustrar a si mesma, frustrando ao mesmo tempo a pessoa batizada".[9]

"O Batismo, como todos os sacramentos, se celebra na fé da Igreja. Os sacramentos são atos da Igreja como instituição. Isso não quer dizer que a fé e a caridade das pessoas, e sobretudo daquelas que participam na celebração, não sejam importantes para a verdade plena do sacramento; é evidente que sim. Porém, essa fé é uma participação, uma inserção pessoal na fé da Igreja que é proclamada na mesma ação sacramental."[10]

Por isso, mantém-se o princípio de que não se deve recusar o Batismo a filhos de pais não casados na Igreja, nem aos de mães solteiras. Seus filhos podem ser batizados na Igreja, desde que busquem padrinhos verdadeiramente cristãos, para dar amparo religioso e moral ao batizando. Os párocos deverão ter especial atenção nessas situações para que os padrinhos escolhidos sejam capazes de encaminhar o afilhado na vivência da fé.

Cuidem os párocos para que os pais normalizem, quanto possível, a própria situação perante a Igreja e os ajudem a perceber

---

[9] TENA, El rito litúrgico del bautismo de niños, p. 16. In: VV.AA. *El bautismo de niños*. Barcelona: Centre de Pastoral Litúrgica, 1987. (Dossiers CPL, 23).

[10] Ibid., p. 22.

a importância do sacramento do Matrimônio. É oportuno, todavia, lembrar que ninguém deverá ser obrigado a casar-se só para batizar um filho ou "regularizar" a situação matrimonial. Àqueles aos quais não for possível a regularização do estado conjugal, sejam dadas oportunidades de participação na vida eclesial, que os auxilie na tarefa de educar cristãmente os filhos.

Cuidem os párocos, no ato do registro de crianças que têm somente o nome da mãe, de deixar em branco o espaço do nome do pai, a fim de que, sendo reconhecida a paternidade posteriormente, possa ser anotada.

Questões canônicas
O pe. Celson Altenhofen responde às perguntas

Quem pode ser batizado?

O Código de Direito Canônico responde: "É capaz de receber o Batismo toda pessoa ainda não batizada, e somente ela" (cân. 864).

A fundamentação desta norma (cf. cân. 849):

1º A ordem do Senhor é: "Ide por todo o mundo, proclamai o Evangelho a toda criatura. Aquele que crer e for batizado será salvo; o que não crer será condenado" (Marcos 16,15-16). O Batismo é necessário para a salvação, ao menos em desejo (cf. cân. 849). *A capacidade de receber o Batismo é universal e ninguém pode ser excluído.* Para o adulto atente-se para as disposições necessárias (cf. cân. 865).

2º O Batismo marca a pessoa com um sinal indelével, tornando-a filha de Deus e consagrando-a para sempre a Cristo.

3º O Batismo também tem efeitos jurídico-canônicos: o batizado torna-se pessoa (fiel) na Igreja, ou seja, sujeito de direitos e deveres próprios (cf. cân. 204).

Portanto, o Batismo é um direito de toda pessoa humana.

Todas as pessoas têm o direito e o dever de entrar na Igreja pelo Batismo. Toda criança ainda não batizada sempre será *validamente* batizada, se for usada água verdadeira e com a devida forma verbal (em nome da Santíssima Trindade), segundo a intenção da Igreja.

Quando um pároco pode recusar o Batismo de uma criança?

O crescimento na fé dependerá principalmente da educação que a criança receberá. Por isso, alguém deverá responsabilizar-se por essa educação: pai, mãe, tios, avós, padrinhos etc. Enfim, que haja essa garantia ou, como pede o Direito Canônico, fundada esperança. As exigências para esses casos são encontradas no cânon 868:

§ 1. 1º os pais, ou ao menos um deles ou quem legitimamente faz as suas vezes, consintam;

2º haja fundada esperança de que será educada na religião católica; se essa esperança faltar de todo, o Batismo seja adiado segundo as prescrições do direito particular, avisando-se aos pais sobre o motivo.

§ 2. Em perigo de morte, a criança filha de pais católicos, e mesmo não católicos, é licitamente batizada mesmo contra a vontade dos pais.

Interessa diretamente o n. 2 do § 1, inspirado na Instrução *Pastoralis Actio* da Congregação para a Doutrina da Fé (20 de outubro de 1980): "Haja *fundada esperança* de que será educada na religião católica; se essa esperança faltar de todo, o Batismo seja adiado segundo as prescrições do direito particular, avisando-se aos pais sobre o motivo".

Essa norma é muito prudente, evitando posições radicais: a severidade rígida e a condescendência excessiva. Compete ao pároco, atento à importância da questão e às orientações da sua diocese, discernir para agir com a devida compreensão e responsabilidade.

O que importa mesmo é que "haja fundada esperança de que será educada na religião católica"; não se diz que essa esperança deva necessariamente provir dos pais. Pode, então, outra pessoa dar tal garantia. O fato de os pais não serem casados na Igreja, de não pagarem o dízimo etc. pode apenas ser um indício; como também o fato de estarem casados na Igreja não necessariamente é prova de que garantirão a educação católica da criança.

A Igreja não pode fechar as portas aos que desejam entrar, mesmo que não apresentem as condições ideais, mas tem o direito de exigir o mínimo de garantia para a recepção frutuosa do Batismo. A normativa canônica é muito prudente, evitando posições radicais: a severidade rígida e a condescendência excessiva. Compete ao pároco, atento à importância da questão e às orientações da sua diocese, discernir para agir com a devida compreensão e responsabilidade.

Deve-se fugir de um casuísmo rígido, sem incorrer, porém, numa banalização, batizando indiscriminadamente. O Código é bem claro: "Se essa esperança faltar de todo, o Batismo seja adiado segundo as prescrições do direito particular, avisando-se os pais sobre o motivo" (cân. 868, § 1, 2). O Batismo pode, portanto, em casos específicos, ser adiado, mas não negado. Expliquem-se aos pais os motivos do adiamento para que não sintam rejeição, mas a preocupação da Igreja pelo bem da criança.

Concluindo: A Arquidiocese de São Paulo, no meu modo de ver, expressa muito bem o pensamento da Igreja: "Toda criança tem o direito ao sacramento do Batismo, independentemente da situação civil dos pais (solteiros, amasiados, separados ou divorciados), mediante o compromisso dos pais e padrinhos de assumirem a formação cristã da criança" (*Diretório dos Sacramentos*, 2006, p. 24).

Que atitudes pastorais tomar com os casais em segunda união?

A Igreja ressalta a necessidade do acolhimento desses casais e a misericórdia como atitude fundamental para com os mesmos. A comunidade deve oferecer-lhes um caminho fraterno e misericordioso no qual sintam a mão estendida de Cristo e da Igreja. Após ouvir e conhecer cada caso particular - discernindo bem as diferentes situações —, a Igreja, através dos responsáveis, atente à inclusão desses casais na construção do Reino de Deus. Sejam encaminhados preferencialmente para uma pastoral de evangelização e de testemunho.

Os documentos da Igreja e as orientações de dioceses apontam para caminhos ou serviços bem concretos a serem trilhados e assumidos pelos casais de segunda união. Que:

- Ajudem no acolhimento dos irmãos em idêntica situação.
- Valorizem os sacramentos do Matrimônio, Penitência e Eucaristia, apesar de sua situação pessoal.
- Sejam incentivados e incentivem outros ao apostolado da piedade eucarística (visitas ao Santíssimo Sacramento e a comunhão espiritual).

• "Nos casos em que surjam legitimamente dúvidas sobre a validade do Matrimônio sacramental contraído, deve fazer-se tudo que for necessário para verificar o fundamento das mesmas" (BENTO XVI, *Sacramentum Caritatis*, n. 29), procurando-se o Tribunal Eclesiástico competente.

• "Enfim, caso não seja reconhecida a nulidade do vínculo matrimonial e se verifiquem condições objetivas que tornam realmente irreversível a convivência, a Igreja encoraja esses fiéis a esforçarem-se por viver a sua relação segundo as exigências da lei de Deus, como amigos, como irmão e irmã; desse modo poderão novamente abeirar-se da mesa eucarística, com os cuidados previstos por uma comprovada prática eclesial", continua Bento XVI no n. 29 da encíclica citada.

• Sejam inseridos nos ofícios e ministérios possíveis na diocese e nas paróquias.

Quanto a este último ponto, em nenhum documento oficial da Igreja os divorciados recasados são proibidos de assumir determinados ofícios ou ministérios de acordo com suas capacidades e idoneidade. O único ministério que não pode ser assumido por divorciados recasados é o da Comunhão Eucarística, pela própria natureza das coisas: distribuir a Comunhão Eucarística e não poder recebê-la.

Certamente será útil perguntar-se: convém ou não? Porém, a comunidade também deverá ser trabalhada para que viva atitudes de acolhimento e misericórdia, evitando a hipocrisia farisaica.

Bento XVI, na Exortação Apostólica *Sacramentum Caritatis*, n. 29, lembra: "Todavia, os divorciados recasados, não obstante a sua situação, continuam a pertencer à Igreja, que os acompanha com especial solicitude na esperança de que cultivem, quanto possível, um estilo cristão de vida, através da participação na Santa Missa, ainda que sem receber a comunhão, da escuta da Palavra de Deus, da adoração eucarística, da oração, da cooperação na vida comunitária, do diálogo franco com sacerdote ou um mestre de vida espiritual, da dedicação ao serviço da caridade, das obras de penitência, do empenho na educação dos filhos".

Concluindo: A Igreja, principalmente através dos seus pastores, deve criar espaços para a inclusão dessas e de tantas outras pessoas marginalizadas.

4º capítulo

O acolhimento na fé

Neste capítulo, vamos tratar da necessidade de sermos cristãos interessados em escutar, compreender, aceitar e não julgar. Somente assim poderemos testemunhar o Espírito que nos anima e nos leva a anunciar Jesus Cristo. A acolhida na fé e em nome do Evangelho significa o primeiro passo do anúncio da Boa-Nova daquele que veio salvar o que estava disperso.

Inicialmente, nos perguntamos: como acolhemos as famílias? O verbo "acolher" expressa ação, isto é, depende de um ato que gera um efeito. Nunca se retorna a uma loja que recebe mal seus clientes. Ao contrário, as pessoas, quando bem recebidas, com certeza retornarão e sempre a recomendarão aos outros. Não se pode esquecer de que o acolhimento deve ser feito a todos que procuram a Igreja.

Para citar um exemplo de acolhimento transformador, basta pensar num marido ou esposa que volte para casa, depois do trabalho, e que é recebido com xingamentos, gritos e ofensas. Imagine o mal-estar gerado entre os dois. Mas, se um deles é capaz de receber o outro com beijos e de braços abertos, toda a situação passará por uma ação transformadora. O modo como se acolhe os outros determina como vão ser as outras ações.

Outro exemplo que pode ajudar é imaginar a futura mãe que, ao saber de sua gravidez, prepara a si mesma e a casa para receber a criança. Surge uma nova situação a ser vivida. Sabemos que as emoções vividas pelas mães atingem a criança que está sendo gerada, chegando a determinar sua personalidade. O útero materno constitui o primeiro ambiente de acolhida que o bebê experimenta.

É fácil perceber como os futuros pais acolhem essa gestação, por meio de seus *atos* de preparar o quarto, comprar as primeiras roupinhas, fazer o pré-natal, conferir se o enxoval está completo e combinar o parto com o médico.

Igualmente, numa dimensão de fé, é necessário que as pessoas que estão chegando se sintam amadas, acolhidas pela comunidade da qual a criança fará parte um dia. Hoje, pelos diversos problemas que atingem as pessoas, é necessário sorrir e encarar os problemas de forma mais natural, sem julgamentos prévios ou, pior, sem dar sentenças de exclusão.

Normalmente, as situações irregulares dos casais diante da Igreja é o que causa maior dificuldade para o retorno à comunidade. Quanto ao Batismo, quantos preconceitos existem ainda em acolher e ouvir pessoas divorciadas, amasiadas ou em segunda união, quando pedem o Batismo para seus filhos? Neste ponto, é importante, sob a orientação do pároco, os agentes saberem como proceder no diálogo com pessoas nessas situações. A recente exortação do Papa Francisco, *Amoris Laetitia*, oferece uma visão atualizada sobre o assunto, propõe o discernimento do caso de cada família e recomenda a misericórdia e a acolhida pela comunidade. É preciso perceber, com vontade de ajudar e não com desejo de julgar, o que, na vida de cada pessoa, gerou o afastamento.

Nada justifica os preconceitos, as agressões, as exclusões dentro das comunidades que se dizem anunciadoras do Evangelho. Mesmo que as pessoas se achem numa situação "irregular", é preciso encontrar uma solução. Tijolos servem para construir paredes, mas também servem para construir pontes... Nenhuma ovelha, mesmo aquela que apresenta problemas, pode ficar fora do rebanho. O Pastor não foi atrás da ovelha boa, mas sim daquela que havia se desgarrado, e, quando a encontrou, não a deixou separada, presa, mas a colocou de volta no meio das outras.

O SENTIDO DE ACOLHER

Em Lucas 12,35-36, Jesus diz: "Ficai de prontidão, com o cinto amarrado e as lâmpadas acesas. Sede como pessoas que estão esperando seu senhor voltar de uma festa de casamento, para lhe abrir a porta, logo que ele chegar e bater". O outro que se aproxima é o Senhor que chega. O texto nos lembra de que devemos estar sempre de *prontidão*, seja a hora que for, para *abrir a porta* em qualquer situação. O problema é que não vivemos preparados, mesmo que a vida ou a experiência nos ensinem tanto.

Pensemos no relacionamento daqueles que participam da comunidade. Como o gesto de acolher se realiza entre os integrantes das pastorais? Por exemplo, como os catequistas da Pastoral do Batismo se relacionam com os da Crisma ou da Eucaristia? E o padre, com seus agentes pastorais? Aqui não se pode esquecer também dos funcionários da paróquia. Para que haja uma boa acolhida externa é necessário que as pessoas da comunidade se acolham mutuamente.

A paróquia irá priorizar a pastoral da acolhida como espiritualidade primeira dos agentes, e não somente dos agentes do Batismo de crianças, que terão o cuidado de receber bem as pessoas, de valorizar cada um que se aproxima, dar-lhe atenção, ouvir suas propostas e não os perder de vista. Uma paróquia tida como casa que acolhe adquire a feição de família, de comunidade com laços de amizade e de benquerença. Chegar a este ponto constitui um verdadeiro exercício de ascese e de doação para nos aproximar do que é diferente e estranho.

A acolhida se coloca como o elemento essencial para haver a abertura ao anúncio daquelas pessoas mais afastadas da Igreja. Levar a sério a missão de ir ao encontro delas na situação em que se encontram requer a decisão de superar nossa estreita maneira de ver o mundo ou até mesmo a fé e de acolhê-las incondicionalmente. "Jesus formou discípulos e discípulas, instruindo-os com a sua original atitude de acolhida, de compreensão e de valorização das pessoas, principalmente, as marginalizadas."[1]

Se nos colocamos na posição daquelas pessoas que se aproximam de nossas comunidades ou, melhor ainda, daquelas a quem vamos ao encontro, necessariamente, a forma do encontro e da acolhida que lhes proporcionamos será decisiva para desenvolvermos o anúncio. Como acolhemos as pessoas é o que faz a diferença e determina como vão ser as coisas dali em diante.

---

[1] CNBB. *Iniciação à vida cristã*: itinerário para formar discípulos missionários. Brasília: Edições CNBB, 2017, n. 40. (Documentos da CNBB 107).

Para o agente, acolher significa ir ao encontro da situação do outro com a disposição de compreender seus pontos de vista, suas inquietações e dúvidas, e, sem julgamento prévio, fundamentalmente ouvi-lo. A solidariedade fica bem em todo momento e se manifesta pela nossa presença, cuidado e atenção. "Também hoje é preciso ir até às pessoas e dialogar, e, a partir de suas necessidades, apresentar-lhes Jesus Cristo."[2]

Quando acolhemos alguém, *não* o fazemos em nome pessoal ou por qualquer outro tipo de sentimento, mas unicamente em nome de Cristo e da Igreja. Lembremo-nos de que acolher bem já é o primeiro passo para anunciar o Evangelho, e as nossas atitudes são a porta de entrada para a fé de muitos cristãos afastados e arredios da Igreja.

Normalmente, os adultos que são alvos da iniciação cristã temem a burocracia de nossas paróquias. De nossa parte, procuremos ter bem clara nossa proposta de catequese e nos informar sobre os impedimentos de algumas situações. Mais que dificultar, nosso papel será de facilitar sem omitir. Muitos agentes se surpreenderão ao perceber que muitos pais e adultos não participam das missas ou da comunidade devido ao "medo", à insegurança que têm de, ao se aproximarem, ser excluídos ou rejeitados pelas irregularidades de suas vidas.

A ACOLHIDA NA FÉ

Em Lucas 15,11-32, no episódio do filho pródigo, não se pode esquecer da cena do pai que, ao avistar o filho de longe, se encheu de compaixão. Correu ao encontro do filho, o abraçou e beijou.

Às vezes, procuramos muitas coisas, pensamos em muitas soluções, atividades, e esquecemos que na simplicidade delas encontramos as soluções. O que são "abraços e beijos"? Gestos simples, mas que por preconceito são negados. O pai não disse nada ao filho, nem cobrou uma situação, apenas o abraçou e beijou, trazendo-o para uma nova condição de vida. O filho, por sua vez,

---

[2] Ibid., n. 154.

se sentiu amado; até tentou justificar-se, mas foi em vão, porque o pai o amava mais. Claro que a pessoa pode ter um impedimento de comunhão, mas não de ser amada, acolhida e participar naquilo que pode. Agora, por que esses gestos tão simples resolvem a maioria dos problemas? Porque ninguém consegue, com todo o dinheiro do mundo, comprar um abraço ou um beijo. Esses gestos não se vendem nem se encontram numa vitrine.

Quem abraça, o faz de coração generoso, porque aprendeu a olhar quem se acha por trás daquele rapaz com roupas rasgadas e cheirando mal; enxerga o ser humano que precisa ser resgatado em sua dignidade. Esse primeiro acolhimento irá determinar o início do diálogo e do resgate. A resistência existe, não da parte do pai, mas do irmão. Muitos catequistas agem com muitas justificativas, assim como o irmão do filho pródigo.

Será que um simples ato de "acolhimento" transforma a pessoa? A transformação está ligada à própria pessoa, isto é, à capacidade de ela mudar a si mesma, seu interior. Quando evangeliza o outro, o agente evangeliza a si mesmo. A mudança acontece interiormente. A partir daí, as pessoas seguirão o ensinamento pelo exemplo de quem anuncia. Se um cristão passar a vida toda tentando anunciar o Evangelho sem sentir a ação transformadora dele, jamais alcançará seu objetivo.

A transformação só se realizará em sua totalidade a partir da mudança pessoal. Sempre se deve anunciar o Evangelho, pensando: "Eu mudei". O chamado requer uma resposta que envolve o ato de assumir a fé. São Paulo foi capaz de anunciar a Boa-Nova porque havia abraçado a fé numa experiência de conversão pessoal, havia experimentado a ação transformadora do Evangelho.

A ARTE DE OUVIR E GUARDAR

Escutar silenciosamente "é atitude sábia, pois quem escuta está atento à vida, observa, aprende. Torna-se uma pessoa senhora de si e, assim, sabe falar e dialogar. Primeiro escute, depois fale [...]. Escutar a natureza, o silêncio, apazigua o nosso ser, pois nos coloca em relação com o universo. É o momento em que percebemos não ser o centro, mas nos colocamos na nota certa da sinfonia da vida. O escutar leva-nos a dar o devido valor aos demais seres e, assim, percebemos nossa interdependência e não exclusividade".[3]

Ninguém nasce falando, mas, ouvindo, sim. Até mesmo antes de nascer, já podemos ouvir. É ouvindo que se aprende a falar, a articular em palavras os próprios pensamentos, sentimentos, emoções... Em nossa sociedade prevalece o ver, o sentir. Somos como que submergidos por uma avalanche de mensagens que nos chegam todas ao mesmo tempo; facilmente ficamos dispersos.

Se uma pessoa fala e a outra escuta, esta que escuta manda a mensagem: "Você é importante". Se eu não escuto o outro, o outro não existe para mim. Existe, mas não para mim. Se me ponho à escuta do outro, dou a ele motivo para existir; ele passa a fazer parte da minha vida e por ele me torno responsável. Por isso, escutar é comprometedor e pode até mesmo causar receio.

Ouvir implica colocar-se na situação do outro, fazer silêncio interior em uma atitude atenta de quem escuta sem a preocupação de ter que dizer algo. Para escutar precisamos estar centrados em nosso interior, sem muitos pensamentos na mente. Facilmente somos corroídos pela ansiedade, que nos impede de nos concentrarmos na mensagem do outro.

Acolher é também ouvir o outro. Nota-se como as pessoas têm necessidade de ser ouvidas, de falar sobre sua vida, seu trabalho, sua casa, suas angústias, seus planos para o futuro. Mas o que significa ouvir o outro?

Primeiramente, exige um ato de empatia, isto é, de se colocar no lugar do outro. Ouvir não é fácil. Um bom exemplo são os encontros de alcoólicos anônimos. Neles, todos ouvem com dificuldade e respeito as histórias dos outros, todas parecidas. Porém, com o tempo começam a perceber que a história do outro tem muito a ver com a sua. Aos poucos, o ouvinte começa a se colocar no lugar do falante e surge, então, o sentimento da compaixão.

---

[3] PASTRO, Claudio. O *Deus da beleza*: a educação através da beleza. São Paulo: Paulinas, 2008. p. 119.

Quando se aprende a ouvir com empatia, todos saem realizados, satisfeitos. Não tem importância se os problemas ainda continuam a existir, mas falar ou desabafar com outro que apenas escuta torna-se algo milagroso.

Na Anunciação (cf. Lucas 1,26-38), percebe-se a atitude de Maria ao ouvir aquela saudação, mesmo sem entendê-la. Às vezes, ouvir também significa "não entender" o que está acontecendo naquele momento, mas com o tempo tudo se esclarece. Maria acolhe as palavras anunciadas em seu coração e se enche de alegria e paz. Escutar significa fazer silêncio, isto é, respeitar o que o outro disse e não transformar aquilo que se ouviu em "fofoca", "julgamento" ou "intriga". Maria, ao saber que ia ser a mãe do Salvador, guardou em silêncio, em seu coração. O respeito deve se manter sempre. Quando uma pessoa se abre, ela está confiando em quem está ouvindo. Por essa razão, deve-se manter a discrição e o sigilo.

Visitar

A dimensão missionária nos leva a sair da zona de segurança, dispor de tempo para visitar os mais longínquos e priorizar os pobres. "A experiência de fé cristã se encontra hoje no [...] *processo de renascimento* de um modelo de Igreja pobre, com os pobres, em saída missionária para as periferias geográficas e existenciais."[4] O anúncio se apoia no agente que vai ao encontro e dá o primeiro passo para que o Evangelho seja significativo na vida de cada vez mais pessoas.

"Importa valorizar o encontro pessoal, como caminho de evangelização. Nele se aprofundam laços de confiança e experiências de vida são partilhadas [...]. Através da visitação, do contato pessoal, contínuo e organizado, manifesta-se a iniciativa do discípulo missionário, que não espera a chegada do irmão ou irmã, mas vai ao encontro de cada um, de cada uma e de todos."[5]

---

[4] CNBB. *Iniciação à vida cristã*, n. 52, citando *Evangelii Gaudium*, nn. 20-23.

[5] CNBB. *Diretrizes Gerais da Ação Evangelizadora da Igreja no Brasil – 2008-2010*. São Paulo: Paulinas, 2008. n. 117. (Documentos CNBB, n. 87).

A paróquia irá também priorizar a pastoral da visitação, ao seguir o exemplo de Jesus, que se encarnou e veio, em pessoa, nos visitar. Fez-se humano para que nos tornemos divinos. Ele confiou o anúncio do Reino a seus 72 discípulos, que partiram dois a dois para anunciar (cf. Lucas 10), ou por meio de Maria, que partiu para as montanhas para visitar sua prima Isabel, levando a alegre Boa Notícia de Jesus.

O incansável apóstolo Paulo foi de cidade em cidade, empreendeu três grandes viagens no mundo conhecido da época, para fundar comunidades e organizar os ministros. Vamos, portanto, sair ao encontro das pessoas, das famílias, das comunidades para comunicar e partilhar o dom do encontro com Cristo, que plenificou nossas vidas de sentido, de verdade e amor, de alegria e esperança.

A visita se destina a todos. Contudo, em fidelidade ao Evangelho, no seguimento de Jesus Cristo, atenção especial deve ser dada aos sofredores: doentes, enlutados, prisioneiros e mais pobres. A lista inclui também os desanimados, os desesperançados, as casas de repouso de idosos, creches, escolas, universidades, abrigos, centros de tratamento de dependentes e de soropositivos.

Para a paróquia se tornar casa da iniciação à vida cristã haverá que desenvolver um programa formativo para que visitar, acolher e anunciar se revistam de planejamento e metodologia, a fim de serem efetivos na pastoral da comunidade. Nenhum batizado pode se sentir excluído de ir ao encontro do outro. "Não existe Iniciação sem abertura missionária, sem aproximar-se das pessoas e acolhê-las nas situações em que se encontram."[6]

Algumas dicas para a equipe

Além das reuniões da equipe que antecedem o encontro, que são sumamente importantes, é preciso prestar atenção na forma de acolher para a inscrição, de encaminhar ao pároco os casos de irregularidade e de informar sobre a celebração. Esses cuidados já fazem parte da pastoral do Batismo.

---

[6] CNBB. *Iniciação à vida cristã*, n. 157.

Vamos sair ao encontro das pessoas, das famílias para comunicar e partilhar o encontro com Cristo, que plenificou nossas vidas de sentido, de verdade e amor, de alegria e esperança. Importa valorizar o encontro pessoal como caminho de evangelização. Nele se aprofundam laços de confiança e experiências de vida são partilhadas.

Através da visitação, do contato pessoal, contínuo e organizado, manifesta-se a iniciativa do discípulo missionário, que não espera a chegada do irmão ou irmã, mas vai ao encontro de cada um, de cada uma e de todos.

O local do encontro deve estar arrumado dentro das possibilidades da comunidade com bom gosto e carinho. É importante que as pessoas percebam que o ambiente foi preparado para recebê-las.

Numa mesa, deverá estar disponível todo o material que será utilizado no encontro (fichas de inscrição, canetas, lápis, borrachas etc.). Prepare uma mesa ornamentada com flor e vela, com destaque especial para a Bíblia.

A socialização é muito importante. Portanto, prepare uma mesa com água, café, biscoitos. É importante a presença do pároco no encontro, no mínimo para cumprimentar as pessoas. Convém que os catequistas usem crachás para facilitar a identificação.

Pontualidade para início e término é sinal positivo e demonstra boa organização. A modalidade do encontro ou visita deve ser planejada pela equipe. Deve-se tomar cuidado para que não haja muita diferença entre uma paróquia e outra, respeitando o que prescreve o diretório da diocese. Encontros prolongados tornam-se cansativos e prejudicam a concentração.

Importante: os catequistas não devem ficar agrupados. Como os pais procuraram a Igreja, receba-os com atenção. A socialização com os pais e padrinhos, mesmo no decorrer do encontro, é ponto positivo. Esteja sempre atento a isso.

Parte II
Temas para os encontros

5º capítulo

O querigma

Querigma é pregão, anúncio da Boa-Nova. Todas as vezes que proclamamos um texto da Sagrada Escritura, fazemos ecoar no tempo a ação salvadora de Deus. A fé é alimentada pela descoberta e pela memória do Deus sempre fiel, que guia a história e que é o fundamento seguro e estável sobre o qual construir a própria vida.

"O processo de conversão pastoral exige uma ação pastoral centrada num primeiro anúncio do essencial da fé, que chamamos de querigma. Ele ocupa o centro da atividade evangelizadora e de toda iniciativa de renovação eclesial".[1]

Experiência de Deus

O Documento n. 107 da CNBB parte do sentido da vida, das perguntas fundamentais que o ser humano faz para identificar o lugar da fé na vida pessoal e dar acesso ao anúncio. Não é possível compreender a vida somente pelos olhos do consumo, da comunicação virtual ou da tecnologia. A vida é mais que satisfazer as necessidades de comprar, vender, ir ao médico e à escola, pagar contas, economizar...

"Vivemos à procura de respostas sobre a vida, seu sentido e, no fundo, sobre nós mesmos. Podemos até ter dificuldades em reconhecer nossas buscas. Podemos até caminhar por vias perigosas e alienantes. Mas há sempre secretas buscas, que inquietam nosso coração. Queremos saber quem somos, por que estamos

[1] CNBB. *Iniciação à vida cristã*: itinerário para formar discípulos missionários. Brasília: Edições CNBB, 2017, n. 59. (Documentos da CNBB 107).

neste mundo, que sentido têm as escolhas que a vida exige de nós. Há anseios que apontam a sede de Deus."[2]

Mesmo tão ocupados com a sobrevivência, o sentido de estarmos neste mundo, de cumprir uma missão, nos leva a perguntar pela eternidade e pela existência do Criador. Quanto mais sensíveis formos ao sentido de nossa existência e às razões que norteiam nossas escolhas, mais aptos estaremos para indagar sobre a presença de Deus em nossa vida. As situações nas quais a vida nos coloca, além de despertar a sede de Deus, também provoca o diálogo em busca de respostas.

A oportunidade para anunciar o querigma se abre, justamente, quando fazemos as perguntas pelo sentido das realidades que nos cercam. Deus nos busca e nos socorre na situação difícil que atravessamos de dor, luto, doença, desilusões, violência, perseguição... O que nos impõe descobrir a revelação do Deus providente que nos ampara, alimenta, cura, reconcilia, restitui a paz...

A fé, além de curar, perdoar, consolar... tem como primeira missão nos colocar em contato com a salvação em Jesus Cristo. Ao passarmos pela experiência crítica de nossos limites, sejam eles quais forem, e depois de provar a total falta de forças, recobramos o alento sem sabermos de onde veio. Aí sim temos a convicção de que vimos Deus, tocamos a orla do seu manto e somente por ele conseguimos sair do fundo do poço. Cada experiência de vida nos conduz em direção ao mistério; cada desejo faz eco de um desejo fundamental que jamais será plenamente satisfeito. Em vários momentos de nossa vida "experimentamos" Deus.

As doenças e as necessidades imediatas sempre nos acompanharão, mas o que é definitivo é a graça manifestada em nosso Senhor. Em Jo 3,14, Jesus oferece água viva à Samaritana: "[e quem] beber da água que eu lhe der nunca mais terá sede, pois a água que eu lhe der tornar-se-á nele fonte de água jorrando para a vida eterna". O Evangelho é a fonte que emana o sentido da vida.

Hoje, abre-nos a grande tarefa de ajudar as pessoas a ler a manifestação de Deus em suas vidas; o que significa falar de

---

[2] Ibid., n. 4.

Deus a partir do sofrimento e das inquietações humanas sempre em busca de superação. "O cristão sabe que o sofrimento não pode ser eliminado, mas pode adquirir um sentido: pode tornar-se ato de amor, entrega nas mãos de Deus que não nos abandona e, desse modo, ser uma etapa de crescimento na fé e no amor."[3] Trata-se de conferir o sentido para a vida além do consumo incansável e da dispersão do pensamento causado pelo acúmulo das atividades diárias, para encontrar Aquele que pode preencher o coração humano.

Estabelecer um olhar de fé sobre os acontecimentos que tecem a própria história ou a de uma pessoa é uma sabedoria que se alcança com a oração, o conhecimento bíblico e a frequência na comunidade eclesial. Temos noção das situações inéditas a que somos chamados a discernir: distintos modelos familiares, afirmação da homoafetividade, mobilizações sociais, defesa de direitos, preconceitos, novos campos de trabalho... A experiência de Deus que as pessoas fazem nas situações mais contrastantes da vida torna-se a matéria-prima de nosso anúncio. Daí a necessidade de ouvir e ajudá-las a interpretar sua vida sob o olhar da fé, ao mesmo tempo que também testemunhamos a nossa fé junto a elas.

Encontro

A pessoa de Jesus é irresistível. E quando, interiormente, sentimos que o Senhor nos fala, nos dirige o seu olhar, torna-nos impossível não sermos seu amigo e ter uma atitude de compromisso com ele. Mas, antes de qualquer iniciativa nossa, é o Espírito Santo quem prepara este encontro e o revela em nosso interior. Sua graça sempre nos antecede e impulsiona nosso coração para reconhecer Jesus Cristo como o caminho da verdade, da bondade e da suma beleza.

"Essa foi a maravilhosa experiência daqueles primeiros discípulos que, encontrando Jesus, ficaram fascinados e cheios de assombro ante a excepcionalidade de quem lhes falava, diante

---

[3] FRANCISCO I. *Encíclica Lumen Fidei*. São Paulo: Paulinas, 2013. n. 56.

da maneira como os tratava, coincidindo com a fome e sede de vida que havia em seus corações."[4]

Quando, de fato, nossa consciência busca a verdade, imediatamente ela o reconhece, porque o mesmo Espírito Santo que gerou Jesus no seio da Virgem Maria também o engendra em nosso coração. Jesus nasce no coração de quem crê porque o Espírito Santo revela Cristo ao mundo.

Daí é natural concluir este ponto citando o Papa Bento XVI: "Não se começa a ser cristão por uma decisão ética ou uma grande ideia, mas pelo encontro com um acontecimento, com uma Pessoa, que dá novo horizonte à vida e, com isso, uma orientação decisiva".[5]

Anunciar a Boa-Nova

O amor de Deus é sempre o ponto inicial. Em João 3,16-17 encontramos a demonstração da amplitude do amor divino dedicado à humanidade: "Deus amou tanto o mundo que deu o seu Filho único para que todo aquele que nele crer não pereça, mas tenha a vida eterna. Pois Deus enviou o seu Filho ao mundo não para condenar o mundo, mas para que o mundo seja salvo por ele".

Toda a nossa fé se nutre na revelação da bondade, da misericórdia e do amor de Deus por nós. "Deus é amor" (João 4,16), isto é, amor que se difunde e se entrega. O dom que o Pai nos oferece em Cristo é o amor mais real que se possa imaginar, pois se trata da pessoa do Filho de Deus feito carne. O amor de Deus se manifesta plenamente à humanidade de forma pessoal e faz da vida e da morte de Jesus a grande revelação desse amor.[6]

Mais que anunciar verdades, o Papa Francisco nos anima a aproximar as pessoas que procuram Jesus de Nazaré, de modo

---

4 DAp, n. 244.

5 CNBB. *Iniciação à vida cristã*, n. 58, citando o DAp, n. 12.

6 No Documento n. 107, os bispos alertam o evangelizador para que: "Ajude a superar as imagens negativas de Deus ou da Igreja, mostrando o Deus amoroso do Evangelho, que nunca desiste de nós e que só nos dá preceitos para que possamos viver melhor e crescer numa grande família de irmãos em apoio mútuo" (Doc. n. 107, n. 163b).

que a fé cristã seja antes de tudo uma experiência espiritual com o Evangelho.

Jesus é o enviado do Pai por excelência, pois armou sua tenda no meio de nós (João 1,14) para dar testemunho permanente do amor do Pai. "O conteúdo essencial do primeiro anúncio (querigma) trata da vida de Jesus de Nazaré, sua pessoa, mensagem e missão, e do seu momento culminante de morte e ressurreição (Páscoa)."[7]

À beira do poço com a Samaritana, Jesus lhe diz: "Sou eu que estou falando contigo" (João 4,26). O que antes para ela era esperança mal definida, agora é presença, é pessoa encontrada. "Ao ouvir a expressão 'Sou eu' certamente afloraram à sua mente as antigas experiências de libertação. Outrora Deus se apresentara como libertador (Êxodo 3,14: 'Eu sou...')."[8]

O anúncio comporta a grande revelação da pessoa do Senhor que transformou nossa vida e igualmente transforma o coração de quem dele se aproxima. Assim, nos descobrimos como a família dos filhos de Deus dispersos, agora congregada no Amor e capaz de superar o entrave do egoísmo, da vaidade, do orgulho, do ódio e da violência destruidora.

O mistério de Cristo

Vamos ter presente que Deus quis revelar o seu mistério e nos fazer participantes dele. O hino da *Carta aos Efésios* nos fala da grande manifestação do *mistério* – da decisão inabalável do Pai de salvar o mundo em seu Filho Jesus. *Este é o projeto do Pai, portanto, este é o mistério.*

"Ele (o Pai) nos fez conhecer o *mistério* de sua vontade, segundo o plano benevolente que formou desde sempre em Cristo, para realizá-lo na plenitude dos tempos: reencabeçar tudo em Cristo. Em Cristo fomos feitos seus herdeiros. Nele recebemos a marca do Espírito Santo prometido, que é a garantia da nossa herança (Efésios 1,9-11b.13b-14a)."

---

7 CNBB. *Iniciação à vida cristã*, n. 41.

8 Ibid., n. 30.

Aquele que estava em Deus e era Deus se fez visível, se manifestou em nossa história, fez-se um de nós para ser solidário com o nosso destino. Esse mistério de Deus é mais que um segredo, uma verdade ou uma doutrina; sobretudo, é o maior acontecimento deste mundo.

"O termo 'mistério', no Novo Testamento, não indica em primeiro lugar um segredo intelectual, mas a ação salvadora de Deus na história. Antes de ser uma verdade ou uma doutrina, o 'mistério' é um acontecimento realizado na história e oferecido como salvação a todos os seres humanos."[9]

Esta é a motivação central do querigma, Jesus Cristo é um acontecimento presente e vivo em nossa história e se oferece como salvação para toda pessoa que o aceita. Realmente, o mistério de Cristo não é constituído de conceitos e palavras, mas é a ação salvadora que realiza em nosso favor.

"Tudo o que precisamos conhecer de Deus e seu mistério encontramos na pessoa de Jesus. Nele [...] se faz presente o mistério do Reino de Deus. Ele está a serviço desse Reino. Por sua vida, palavras e ações, por sua doação total na cruz e gloriosa ressurreição, ele revela ao mundo o amor e o projeto de salvação do Pai que ama a todos."[10]

A chegada do Reino acontece com a chegada do Filho de Deus na história, pois o Reino é de fato de Deus Pai; o Filho faz com que o Reino se cumpra na história do ser humano. Ele cura os leprosos, expulsa os demônios, perdoa os pecadores, abençoa as crianças... Estes sinais comprovam que ele é o Messias e que o Reino de Deus se realiza em sua pessoa.

O anúncio do plano salvador do Pai realizado em Cristo coloca-nos como participantes dele, nos afeta diretamente porque, na medida que o aceitamos, os atos salvadores de Cristo nos transformam nele.

A missão de Jesus é anunciar indistintamente a todos a nova realidade instaurada: "O Reino de Deus chegou". Oferecida pessoal

---

9 Ibid., n. 83.

10 Ibid., n. 87.

e gratuitamente, a Boa-Nova constitui o maior tesouro que guardamos, o qual nem a morte é capaz de roubá-lo; ao contrário, é o passaporte para vencermos o mal e alcançarmos a eternidade da plena comunhão com o Senhor.

Jesus na sinagoga de Nazaré, ao proclamar a profecia de Isaías 61,1; 29,18, diz claramente o que implica o anúncio da Boa-Nova: "O Espírito do Senhor está sobre mim, pois ele me ungiu, para anunciar a Boa-Nova aos pobres: enviou-me para proclamar a libertação aos presos e, aos cegos, a recuperação da vista; para dar liberdade aos oprimidos e proclamar um ano aceito da parte do Senhor" (Lucas 4,18-19). A Boa-Nova é, justamente, essa série de ações que a tornam um acontecimento de graça na vida de quem a abraça. A plenitude humana requer a superação de toda cegueira e prisão que tolhem a liberdade e a capacidade de nos realizarmos com autonomia e dignidade.

Jesus proclamou várias vezes que nele se cumpriam as promessas de Deus: "Hoje se cumpriu esta passagem da Escritura que acabastes de ouvir" (Lucas 4,21). A palavra de Cristo era sempre eficaz: dizia e fazia, curava, ressuscitava, acalmava tempestades, multiplicava pães.

Jesus passou fazendo o bem, veio para dar vida, e vida em abundância (cf. João 10,10). Colocou-se ao lado dos indefesos, dos marginalizados, dos oprimidos e até dos estrangeiros e dos pecadores. Emprestou-lhes a voz, transmitiu força messiânica e a misericórdia do Pai.

Centrar-se na mensagem das leituras

Sem dar voltas, sejamos os primeiros anunciadores deste amor diante de tudo aquilo que o Senhor nos deu ao longo da vida. Sejamos diretos e convictos em anunciar a Palavra que opera hoje a salvação de Deus em nosso meio em favor daquele que o acolhe. Vamos nos centrar na mensagem da passagem que foi proclamada. Não tanto em seus detalhes, mas em sua intenção central e nos valores que está propondo. O que devemos fazer é apresentar o aspecto principal da passagem, qual é o plano salvador de Deus tal como nela se revela, como Deus agiu e como as pessoas responderam, qual é a mensagem concreta que o profeta, ou Paulo, ou o próprio Jesus queriam destacar com suas palavras.

O principal é sempre o que Deus está querendo nos dizer, a Boa-Nova que se cumpre em Cristo Jesus. O que Deus fez na história, o que continua fazendo agora e como quer que lhe respondamos.

Dessa forma, a partir das leituras, apresentamos o Cristo entregue, crucificado, morto, mas depois ressuscitado e glorificado, exaltado por Deus Pai. E, em seu nome, anunciamos a salvação a todos. Não devemos nos demorar nos aspectos mais científicos da origem do mundo ou da criação do homem e da mulher, ou no número e origem exatos dos magos que vieram adorar o Messias em Belém.

As passagens bíblicas, à parte de suas circunstâncias históricas e sociais, têm uma mensagem, uma intenção salvífica, que é a que deve ser projetada sobre a vida de hoje, às vezes como estímulo, outras como denúncia.

Quem está anunciando deve ter clara consciência de que está, antes de mais nada, "a serviço da Palavra". Por isso, deve deixar que "a Palavra fale", pois ela tem força em si mesma. Tem que sentir e mostrar que sua homilia ou suas explicações não são tão importantes quanto a própria Palavra. Não somos donos da Palavra, mas seus servidores. Não a podemos ocultar, nem calar, nem empobrecer, mas transmiti-la aos fiéis com toda a pedagogia possível; porém, sobretudo, com fidelidade à própria Palavra.

A atitude de obediência à Palavra se expressa simplesmente tendo na mão o texto que se acaba de proclamar. Ter na mão o livro sagrado, ler dele as frases centrais, apelar a ele para insistir nas enumerações ou nos argumentos que já foram escutados dos lábios do profeta, ou de Paulo, ou do próprio Jesus, serve, sobretudo, ao próprio pregador para reconhecer que não é ele o protagonista, mas que a Palavra o é. E também aos fiéis, porque veem que o pregador está se baseando, tanto para as suas palavras otimistas como para as exigentes, não em seu próprio gosto ou humor, mas naquilo que disse a Palavra.

Quem anuncia, proclama a Palavra de forma propositiva, como acontecimento salvífico atual e interpelante de conversão ao Reino, para aqueles que a escutam e querem aceitá-la. Busca despertar a conversão inicial, por meio da qual a pessoa se sente chamada a afastar-se do pecado e a mergulhar no mistério do amor de Deus.

Converter o coração

O anúncio é proposto à aceitação daquele que escuta não como fato passado, mas plenamente atual, capaz de inserir o ouvinte na continuidade da única história da salvação, conduzida durante o tempo da Igreja pelo mesmo Espírito Santo. Isso porque a Palavra age, converte e produz o que promete. Ela é eficaz.

O princípio de conversão coincide com o desejo de mudar de vida e de relacionar-se pessoalmente com Deus na oração. A iniciativa divina deverá encontrar eco no coração humano. Tal mudança está estreitamente ligada à vontade da pessoa de encontrar outra maneira de viver, de dar novo sentido à sua vida. "A Iniciação à Vida Cristã requer a decisão livre da pessoa. Pela obediência da fé a pessoa se entrega inteira e livremente a Deus e lhe oferece a adesão total de sua inteligência e vontade."[11]

O primeiro anúncio da salvação em Cristo ressalta a ação transformadora da graça em nós. Diante da qual caberá, àquele que escuta, aceitar ou negar essa realidade. "Eis que estou à porta e bato; se alguém ouvir minha voz e abrir a porta, eu entrarei na sua casa e tomaremos a refeição, eu com ele e ele comigo" (Apocalipse 3,20). Para estabelecer uma estreita relação de amizade, o amor do Senhor busca a correspondência de nossa parte. Ter fé em Deus não é questão de simplesmente considerar "verdadeira" uma afirmação teológica, mas sim de entrar nesse relacionamento pessoal com Deus.

No entanto, tenhamos presente que a graça do amor do Pai precede nossa iniciativa de ir ao seu encontro. Assim como o pai

---

[11] Ibid., n. 95.

misericordioso que se adiantou ao pedido de perdão do filho ingrato: "Quando ainda estava longe, seu pai o avistou e foi tomado de compaixão". E antes que o filho dissesse qualquer coisa, o pai "correu-lhe ao encontro, abraçou-o e o cobriu de beijos" (Lucas 15,20). No anúncio do querigma, igualmente a ação do Espírito é precursora (vem antes, impulsiona); "é graça benevolente e transformadora que nos precede e nos cumula com os dons divinos do Pai, em Cristo, pelo Espírito".[12] Para acolher esse dom, a pessoa deverá pôr em ação o seu coração, sua inteligência e sua maneira de viver.

Muito além de princípios morais a serem observados, a fé cristã é o encontro transformador com Jesus Cristo que nos faz superar o egoísmo e o orgulho para vivermos numa relação filial, firmada na misericórdia, na providência, no perdão do Pai. Por isso, o Papa Francisco nos alerta: "A centralidade do *querigma* requer [...] que exprima o amor salvífico de Deus como prévio à obrigação moral e religiosa".[13]

A fé comporta esse movimento de abertura do coração num dar-se, confiar-se, entregar-se a ele. Crer é entregar a própria vida, é abandonar-se nas mãos do Pai numa atitude de profunda, total e extrema confiança: "Pai, em tuas mãos entrego o meu espírito" (Lucas 23,46).

Todo anúncio de Jesus consiste em levar as pessoas não somente a olhar para si mesmas como também a perceber o outro e suas necessidades. Por isso, Jesus diz: "Tive fome, estive doente, com sede e nu e você cuidou de mim" (Mateus 25,35).

A conversão é a atitude que cabe a todo cristão, durante toda a sua vida. Sempre temos que nos converter mais. Como também crescer na vida de fé.

Como Jesus, recebemos uma missão em nosso Batismo. Cabe a nós, hoje, acolher esse Reino de amor, justiça, paz, partilha, fraternidade e esperança. Ser cidadão do Reino é encontrar uma nova forma de viver de acordo com o Evangelho, sem apego aos bens deste mundo.

---

[12] Ibid., nn. 91.100.

[13] *Evangelii Gaudium*, n. 165.

ALGUMAS DICAS PARA A EQUIPE

Recomendamos que as catequeses do Batismo adquiram essa forte tonalidade de primeiro anúncio. O catequista do Batismo propõe o encontro com Cristo e a conversão para aceitá-lo em sua vida; anuncia Jesus Cristo, sem dar nada como pressuposto ou descontado; anuncia com clareza o amor do Pai visível na prática de Jesus Cristo e continuada na Igreja pela força do Espírito Santo; apresenta o testemunho de sua convicção de fé às pessoas.

É preciso *ouvir e ajudar as pessoas a interpretar sua vida à luz da fé*; perceber sua situação existencial, discernir a passagem de Deus em sua vida, para estabelecer um diálogo franco e amistoso com elas. Assim, será possível descobrir a surpreendente boa-nova do Senhor na vida dessas pessoas.

Devido às informações transmitidas pelos canais religiosos dos meios de comunicação, é recomendável que a equipe estude temas paralelos sobre os quais muitos se questionam, especialmente nas periferias das cidades, como a virgindade de Maria, o culto dos santos, entre outros.[14]

A equipe também levará em conta os limites de uma visão de fé que busca resultados consumistas, a atual *teologia da prosperidade*, que atribui os males ao tentador e acentua as vantagens que a pessoa de fé desfruta. Uma fé que só produz resultados imediatos e com compromissos éticos tão pequenos não corresponde ao Cristo que descobrimos no Evangelho. Esse tipo de fé nega a cruz de Cristo.

Seguir Cristo não significa se colocar numa redoma de vidro, na esperança de que nada irá acontecer. Pelo contrário, é aprender a viver com riscos, desafios, limites, e buscar um sentido novo que só se acha razão quando se vive "por Cristo, com Cristo e em Cristo".

---

[14] Tais temas podem ser pesquisados no manual da CNBB, *Sou católico. Vivo a minha fé*. Brasília, Edições CNBB, 2007.

6º capítulo

A celebração do Batismo[1]

Após uma acolhida sincera das famílias, a partir de uma visão realista delas, propusemos o primeiro tema para ser aprofundado: o querigma. Agora a equipe poderá conversar com os pais sobre os ritos e os símbolos da liturgia batismal e, a partir dos sinais da celebração, apresentar os efeitos que o sacramento produz e o compromisso de corresponder ao dom recebido. Assim, durante a celebração não haverá necessidade de explicações e de catequese moralizante, pois os sinais falarão por si mesmos e a celebração transcorrerá em clima de oração profunda.

Previamente à celebração, a equipe poderá considerar esta recomendação: "Outro elemento importante é a apresentação da criança à comunidade, antes da celebração do sacramento. Trata-se de despertar, na comunidade eclesial, a alegria por acolher novos filhos".[2]

O Batismo e seus ritos

O *Ritual do Batismo de crianças* foi adaptado à índole brasileira. Ao lado da possibilidade de ser celebrado durante a missa dominical ou numa celebração específica, contempla ser celebrado em duas etapas durante duas missas dominicais.[3]

---

1 Para esta parte seguiremos de perto: CNBB. *Batismo de crianças*. São Paulo: Paulinas, 1980 (Documentos da CNBB, n. 19) e TENA, P. El rito litúrgico del bautismo de niños. In: VV.AA. *El bautismo de niños*. Barcelona, Centre de Pastoral Litúrgica. 1987. (Dossiers CPL, 23).

2 CNBB. *Iniciação à vida cristã*: itinerário para formar discípulos missionários. Brasília: Edições CNBB, 2017, n. 200 (Documentos da CNBB 107).

3 *Ritual do Batismo de crianças*, nn. 98-103.

"A primeira etapa da celebração do Batismo desenvolve-se conforme os nn. 32-60 (em que se celebram os ritos de acolhida e a unção catecumenal). A segunda etapa inicia-se após a homilia (realiza-se a liturgia sacramental e os ritos complementares), a partir do n. 61."[4] Essas etapas se realizam dentro da celebração eucarística de acordo com as *Observações preliminares* do mesmo *Ritual*, nos nn. 29 e 30.

Rito de acolhida

Os ritos iniciais têm por finalidade criar um ambiente mais acolhedor, permitir maior participação da família e envolver mais a comunidade na acolhida de seus novos membros. À porta da Igreja, o celebrante saúda as pessoas presentes e estabelece com elas um diálogo. Em seguida, o celebrante, os pais e os padrinhos traçam o sinal da cruz sobre a fronte da criança.

Chegada e saudação

O acolhimento dos batizandos à porta da igreja significa que ainda não pertencem à Igreja, na qual entrarão pela porta do Batismo. Exprime o ingresso na comunidade eclesial.[5] A acolhida mostra que Deus quer que todos os homens se salvem. Ele ama todo mundo. Há um só amor para todos e um desejo universal de realização. Deus manifestou sua salvação em Cristo e na Igreja. O desejo universal de salvação, o amor de Deus pela humanidade, se concretizou na fé em Jesus Cristo, o enviado do Pai. Essa é a vontade de Deus, e a nós foi dado conhecê-la e aceitá-la.

Diálogo (apresentação da criança e pedido do Batismo)

Há que acolher as pessoas e fazê-las progredir a partir de sua situação real. O conteúdo do diálogo ("Vocês querem ajudá-las a crescer na fé...?") pretende verificar não a fé pessoal dos pais, mas sim a seriedade de seu pedido.

---

[4] Ibid., nn. 101-102.

[5] Cf. CNBB, *Batismo de crianças*, nn. 15-18.

"Estamos diante de uma situação favorável ao diálogo. A petição que os pais fazem é algo positivo, um passo adiante depois de todo um diálogo de preparação. O diálogo de fé prolonga a acolhida e leva ao Batismo. Não se trata de uma conversa de boas maneiras, mas esta se refere à fé: o que significa no fundo aquilo que pedem? O que querem que seu filho seja? Como pretendem ajudá-lo a ser cristão?"[6]

Sinal da cruz e procissão de entrada

O rito próprio dessa parte da celebração é a marcação da fronte da criança com o sinal da cruz. Com esse sinal culmina a acolhida que a comunidade cristã faz ao recém-chegado. A assinalação é um dos ritos mais tradicionais de acolhida; o que chega já fica orientado para aquilo que virá a ser pelo banho da água com a Palavra: um cristão. Tudo isso sob o sinal da cruz gloriosa do Senhor, na qual está a salvação, a vida e a ressurreição.

A Igreja recebe oficialmente seu novo membro não com um bracelete ou brinco de ouro. Seu sinal distintivo é a cruz do Senhor. Por ela a salvação entrou no mundo, Cristo venceu o mal, o pecado e a morte. Por ela igualmente somos salvos em Cristo. Porém, não devemos nos esquecer de que esse sinal não é só de Cristo, mas passa a ser do cristão, porque o Batismo é a configuração do fiel em Cristo, mais exatamente, em sua Páscoa. Ao ser incorporado em Cristo, resta ao cristão viver a Páscoa em Cristo, aprendendo a doar a vida, a servir e a lutar contra o egoísmo, a vaidade, o consumismo, a superficialidade das relações. Ou seja, deverá perder a vida neste mundo, para ganhá-la para o Reino.

A procissão recorda a caminhada do Povo de Deus em busca da terra prometida. Lembra que somos Igreja peregrina neste mundo a caminho da casa do Pai. Entrar no templo material é símbolo da entrada no Reino de Deus, na eternidade, através da fé (cf. Atos 14,26) e do amor.

---

[6] TENA, El rito litúrgico del bautismo de niños, p. 17.

Celebração da Palavra de Deus

Para organizar a celebração da Palavra, é preciso começar a enfocá-la como celebração, não como simples passagem ritual. Convém, portanto, que os fiéis possam sentar-se, escutar bem etc.

A fé vem pela Palavra de Deus. Essa Palavra assinala, com sua presença, que a celebração é um acontecimento, uma irrupção, aqui e agora, da salvação de Deus. Escutando a Palavra de Deus, transcendemos. A Palavra de Deus anuncia aquilo que o sacramento realiza. Com efeito, por isso não escutamos simplesmente a Palavra de Deus como numa catequese, quer dizer, não buscamos na Escritura proclamada liturgicamente um novo "conhecimento" intelectual. A proclamação da Palavra é o anúncio da obra de Deus, de sua intervenção, que suscita a fé dos que escutam, a fim de que possam entrar frutuosamente no encontro sacramental com o Senhor. A história da salvação é hoje.[7]

A liturgia da Palavra e a liturgia sacramental formam um todo. A liturgia da Palavra prepara a sacramental porque a realidade do Batismo só é conhecida através da fé. A fé nasce e se alimenta da Palavra de Deus que é proclamada e acolhida na fé.

Oração dos fiéis e invocação dos santos

"Os fiéis invocam a misericórdia de Deus, conscientes de sua incapacidade e da absoluta necessidade da graça de Deus para obter e viver com coerência e perseverança a vida nova do Batismo.

Na invocação dos santos, a Igreja peregrina na terra se une à Igreja triunfante no céu (cf. Apocalipse 5,8; 8,3) para pedir a graça de Deus em favor daqueles que ainda se encontram no limiar da Igreja. É a comunhão dos santos."[8]

Oração de libertação e unção pré-batismal

Conclui-se a celebração da Palavra com a oração do exorcismo e a unção com o óleo dos catecúmenos. O Cristo liberta do espírito do mal, do poder das trevas, do pecado, introduz no

---

[7] Ibid., p. 20.

[8] CNBB, *Batismo de crianças*, nn. 56 e 59.

reino da luz, dá ao cristão força e proteção para fazer frente às provações e resistir com coragem às solicitações do mal. A oração é acompanhada pelo gesto de imposição das mãos realizado pelo ministro e pelos pais e padrinhos. Esse gesto, por si só, significa a invocação do Espírito Santo como fortaleza e coragem para abraçar a fé em Cristo.

A coragem, a resistência e a proteção, impetradas na oração, são significadas pelo gesto sensível da unção pré-batismal: "O Cristo Salvador vos dê a sua força. Que ela penetre em vossas vidas como este óleo em vosso peito". Os antigos lutadores se ungiam com óleo em todo o corpo para fortificar os músculos e para dificultar que os adversários os agarrassem. Semelhantemente, preparando-se para as lutas que deverá travar para ser fiel à vocação cristã e à missão que receberá no Batismo, o batizando é ungido no peito.[9]

A promessa de lutar contra o mal se estenderá por toda a vida. O embate contra o mal, ritualmente celebrado na oração de renúncia, é imagem da luta que o cristão enfrenta ao longo de toda a vida contra aquele que o colocará muitas vezes à prova de sua adesão a Cristo. No entanto, as lutas constantes, compreendidas como testemunho de perseverança, lhe darão o mérito da fidelidade.

Liturgia sacramental

Como participação de todos na invocação do Espírito Santo, podem ser feitas orações espontâneas ou um canto (*A nós descei, divina luz*).

Bênção da água

A função da água na história da salvação não pode ser vista apenas no plano natural, ou seja, a água que limpa e purifica, como se o Batismo apenas apagasse as manchas do pecado. O fundamental é perceber que o seu excesso (enchentes) ou falta (desertos) produz *a morte* e a presença da água gera *vida* para

[9] Ibid., n. 67.

a natureza e para o ser humano. Fomos formados numa bolsa d'água. Deparamo-nos com a passagem pelo mar a pé enxuto, o que significa passar do estado de escravidão (morte) para a conquista da terra prometida (vida). A água é ambivalente, simboliza a morte e a vida.

No final da bênção, a oração invoca o poder do Espírito sobre a fonte batismal para que o eleito, ao ser coberto pelas águas (assim como acontecia com o Batismo dos adultos), participe de todos esses mistérios salvadores e tenha sua vida transformada por eles. Assim, a criança irá sofrer uma morte semelhante à de Cristo, ressuscitar para a vida e receber a graça da imortalidade.

"Os sacramentos não são coisas, mas ações. O Batismo não é a água, mas o banho na água que ganha sentido na fé, como ação que faz nascer de novo (regenerar) em Jesus Cristo. Por isso a importância da bênção d'água para expressar claramente que não é a água em si mesma que tem força sacramental, senão que é Deus quem atua e se serve da água para regenerar o ser humano. Assim, a bênção da água é "colocar a água nas mãos de Deus" para que ele atue sacramentalmente".[10]

Promessas do Batismo

A fé atual, que as crianças não têm, é suprida pela fé dos pais, dos padrinhos e de toda a Igreja, os quais em nome delas *renunciam ao pecado, proclamam a fé em Cristo* e aceitam a obrigação de levar a fé da criança à plena realização pessoal, antecipando, assim, de alguma maneira, a fé pessoal futura. A renúncia ao mal e a profissão de fé no Deus vivo de Jesus Cristo, na força do Espírito Santo, renovam os compromissos de viver como filhos de Deus neste mundo. Jesus, como modelo, luta e vence o mal e é obediente ao Pai.

Jesus é fiel até o fim para a realização de sua missão como servo, superando as tentações. Não usa sua condição messiânica para matar a fome, para a vanglória ou para dominar. Decide trilhar o caminho da pobreza, da fraqueza, do serviço simples

[10] TENA, El rito litúrgico del bautismo de niños, p. 22.

e humilde até a morte. A tentação de não servir a Deus e aos seus desígnios nega a vocação fundamental do homem à filiação e à fraternidade; apaga a chama do Espírito que impele o ser humano a chamar Deus de Pai e a viver como filho de Deus.[11]

"A palavra 'renunciar' poderá ser substituída por outra expressão equivalente, como: 'lutar contra', 'deixar de lado', 'abandonar', 'combater'; 'dizer não'; 'não querer'."[12]

Batismo

O gesto sacramental essencial pode passar quase despercebido, se não estiver rodeado de certa solenidade. É importante que outros ritos (como a entrega da veste ou da vela etc.) não absorvam o rito essencial. O Batismo pode ser realizado das seguintes maneiras:

- mergulhando a criança parcial ou totalmente na água;
- derramando água sobre a cabeça da criança e deixando-a escorrer sobre todo o corpo;
- derramando água somente sobre a cabeça da criança.[13]

O banho com água unido à Palavra da vida (cf. Efésios 5,26) lava a pessoa de toda culpa, tanto original como pessoal, e a torna "participante da natureza divina" (2 Pedro 1,4) e da "adoção de filhos" (Romanos 8,15; Gálatas 4,5). "Invoca-se a Santíssima Trindade sobre os batizandos, que são marcados em seu nome, para que lhe sejam consagrados e entrem em comunhão com o Pai, o Filho e o Espírito Santo."[14]

"Porque, se nos tornamos uma coisa só com ele por morte semelhante à sua, seremos uma coisa só com ele também por ressurreição semelhante à sua" (Romanos 6,5). O banho batismal nos proporciona uma morte semelhante à de Cristo. Por isso, nos

[11] Cf. CNBB, *Batismo de crianças*, nn. 102-104.

[12] *Ritual do Batismo de crianças*, n. 140.

[13] Ibid., n. 145.

[14] Ibid., n. 5.

tornamos uma coisa só com ele. "A água é sepulcro e vida. Os cristãos tomamos o banho 'em nome do Senhor', ou 'em nome do Pai e do Filho e do Espírito Santo'. O sentido do banho não é uma morte e uma renovação ideal, mas a participação na morte e na ressurreição histórica de Jesus Cristo."[15]

"Concluído o Batismo, pode-se realizar o rito de aspersão da assembleia. Enquanto isso, canta-se um hino ou um salmo apropriado."[16]

Ritos complementares

- *Unção pós-batismal:* essa unção, optativa, é feita no alto da cabeça da criança. É ungida para, como membro de Cristo e da Igreja, continuar a missão de Cristo hoje. A missão é tríplice, *sacerdotal* (oferecer a vida a Deus e aos irmãos no serviço de cada dia), *profética* (pelo exemplo de vida e pelo testemunho da palavra, manifestar o novo ser que pelo Batismo vestiram) e *real-pastoral* (esforçar-se para que homens e mulheres aceitem e amem a Cristo Senhor).

- *Veste batismal:* é o sinal exterior da vida nova gerada pelo Batismo, por meio do qual a criança revestiu-se de Cristo, vestiu o "homem novo" (Gálatas 3,27; Efésios 4,24).

- *Rito da luz:* "Eu sou a luz do mundo" (João 8,12), disse Jesus de si mesmo, e aos discípulos: "Vós sois a luz do mundo [...]. Assim brilhe a vossa luz diante dos homens, para que vejam as vossas boas obras" (Mateus 5,14-16). Pode-se ler com proveito: 1 Pedro 2,9; Efésios 5,8; Atos 2,3; Apocalipse 22,5; Mateus 25,30.

A preocupação pela iniciação cristã integral pode ser vista no gesto de aproximar todos do altar, levando a vela acesa, para rezar o Pai-Nosso. "Esta criança que foi batizada é chamada, em Cristo, a viver plenamente como filha de Deus Pai. Para isso, ela precisa também ser fortalecida pelo Espírito Santo no sacramento

---

[15] TENA, El rito litúrgico del bautismo de niños, p. 22.

[16] *Ritual do Batismo de crianças*, n. 150.

da Confirmação e alimentada na Ceia do Senhor."[17] A Eucaristia é a coroação da iniciação na medida em que, ao fazer parte do corpo de Cristo pelo Batismo, o neófito (recém-batizado) é chamado a oferecer a sua vida em sacrifício, unido ao sacrifício de Cristo apresentado em cada celebração eucarística. A resposta afirmativa ao Batismo será dada ao longo da vida como culto em espírito e verdade.

Algumas dicas para a equipe

A adaptação do *Ritual do Batismo de crianças* para o Brasil pede que os gestos sejam realizados com calma e expressividade, e utilizem-se com largueza os elementos da água e do óleo. Convém que a água seja abundante, de modo que o Batismo apareça como verdadeira passagem pela água ou banho. A linguagem seja direta, simples e ao mesmo tempo respeitosa com a dignidade própria da maneira de se expressar na celebração litúrgica. "O homem do povo exprime-se de modo concreto, contando fatos reais, sem longos raciocínios abstratos. Por isso, na homilia, nas preces e nos comentários dos ritos, mas, especialmente, durante toda a preparação, é muito importante mencionar fatos concretos, solicitar breves depoimentos e apresentar exemplos tirados da vida do povo."[18]

Para a celebração cumprir seu objetivo de proporcionar a participação transformadora na Páscoa de Cristo, há que cuidar da preparação dos ambientes e equipamentos: serviço de som, limpeza da igreja, fonte batismal com água aquecida, se necessário, local destinado para funcionar como fraldário, bebedouro. Envolve também um eficiente serviço de secretaria que apresente as certidões de Batismo já preenchidas e exatamente conformes à certidão de nascimento; número correto de velas e de toalhas etc.

Se esses cuidados externos são fundamentais, que dizer da preparação dos ministros! A equipe se aprofunde no significado

---

[17] Ibid., n.162.

[18] CNBB, *Batismo de crianças*, n. 183.

da liturgia batismal, prepare-se para acolher bem, indicar com precisão os lugares, dispensar carinho, agrado e satisfação para o que está prestes a ser iniciado.

O clima inicial da celebração é fundamental para o seu bom andamento. Pressa, insegurança, atropelos e xingamentos por si só bastam para desdizer o que as palavras do *Ritual* irão afirmar.

Busque-se "valorizar as procissões durante o desenrolar da cerimônia: da porta de entrada ao centro da igreja, na passagem dos ritos iniciais para a liturgia da Palavra; do centro da igreja para os bancos em frente ao presbitério, durante a primeira parte da liturgia sacramental; daí à fonte batismal, no momento do Batismo, e, por último, ao altar, formando um círculo ao redor dele".[19]

---

[19] Ibid., n. 179.

7º capítulo

A celebração da água viva

É necessário ajudar os participantes a entrar no universo simbólico em que se move a liturgia. Não se trata de explicar, mas de colocar o objeto ou a ação simbólica num determinado contexto humano, bíblico e celebrativo, de modo que possa apreender e viver o seu significado.

O catequista irá fazer a vivência celebrativa para conhecer o que significa o rito sacramental, qual a sua finalidade ou, ainda, como ele nos coloca diretamente em contato com o mistério de Deus. Essa prática deixará a catequese mais orante, bíblica e simbólica.

Deve-se tomar o símbolo da água e interpretá-lo à luz da Palavra de Deus, tendo presente que o Espírito Santo continua atualizando os gestos salvadores de Jesus. Por último, tudo adquire sentido quando os participantes se comprometem com o gesto salvador de Deus. Note que se estabelece uma coerência entre o gesto feito com o símbolo, sua relação com a leitura proclamada e a consequente adesão dos participantes.

O simbolismo da água é de fundamental importância para compreender o significado do Batismo. Aqui sugerimos os seguintes passos para que a catequese aconteça de forma celebrativa e orante.

1º MOMENTO: ESTUDO

Inicialmente, o catequista estuda os quatro sentidos da água.

Sentido cotidiano: A água é ambivalente, simboliza a morte e a vida. A mesma água que é fonte de vida também tem um poder destruidor natural nas tempestades e enchentes, e sua falta ocasiona os desertos e as secas. As águas desfazem todas as formas, dissolvem a vida e possibilitam, assim, a nova criação. Depois de um dia de trabalho, o banho lava e limpa o corpo e renova o espírito, dando boa disposição.

A criança é formada no ventre materno banhada pelo líquido amniótico e nasce quando se rompem as águas. Submergir significa retornar à fluidez amniótica do útero, regressar à noite do inconsciente.

Memorial bíblico: No Antigo e no Novo Testamento, a água aparece várias vezes como figura ou imagem do Batismo. O ministro, ao benzer a água batismal, recordará sua função na história da salvação para que comunique, agora, essa mesma graça aos que nela forem banhados:

a) *Água da vida:* na origem do mundo, o Espírito Santo pairava sobre as águas, infundindo nelas a vida dos seres (cf. Gênesis 1,2.6-10; 1,21-22).

b) *Água que purifica:* a arca de Noé flutuou sobre as águas do dilúvio, sepultando os vícios da humanidade (cf. Gênesis 6,9–9,28).

c) *Água que liberta:* os hebreus, atravessando as águas do mar Vermelho, foram libertados da escravidão a que eram submetidos no Egito (cf. Êxodo 14,15-22).

d) *Água que cumpre a promessa:* atravessando as águas do rio Jordão, os hebreus entraram na posse da Terra Prometida (cf. Josué 1,10-18).

e) *Água que sacia a sede e conserva a vida:* "Moisés golpeia duas vezes a rocha com a vara, e jorrou água em abundância, de modo que a comunidade e os animais puderam beber" (Números 20,11). No Evangelho, Jesus prometeu para a samaritana, junto ao poço, "uma fonte de água jorrando para a vida eterna" (João 4,13).

f) *Água que cura Naamã,* o leproso, nas águas do Jordão (cf. 2 Reis 5,1-19).

g) *Água que consagra:* ao descer às águas do Jordão para ser batizado, Jesus foi consagrado pelo Espírito Santo para sua missão de Salvador (cf. Marcos 1,9-11).

h) *Água que produz o novo nascimento* (regeneração): pela água e pelo Espírito, Jesus afirma a Nicodemos que é necessário nascer de novo para o Reino (cf. João 3,1-15).

i) *Água que salva:* na cruz, quando o soldado transpassou o peito de Jesus com uma lança, saiu sangue e água (cf. João 19,34).

Todos esses acontecimentos que envolvem a água anunciam uma realidade e uma verdade somente revelada e realizada em Cristo. Ele é o verdadeiro Adão que nos livra do pecado, novo Noé que, pelas águas batismais, nos salva do naufrágio, novo Moisés que nos liberta para uma nova Páscoa.

Sentido litúrgico: Depois de fazer memória da água como instrumento de salvação, a oração da bênção diz: "*Que o Espírito Santo* dê por esta água a graça de Cristo, a fim de que homem e mulher, criados à vossa imagem, sejam lavados da antiga culpa pelo Batismo e renasçam pela água e pelo Espírito Santo para uma vida nova".

Essa oração nos coloca em continuidade histórico-salvífico com esses mesmos fatos; por isso, invoca o poder do Espírito sobre a fonte batismal para que o candidato, ao ser coberto pelas águas, participe de todos esses mistérios salvíficos e tenha sua vida transformada por eles.

A palavra "batismo", em sua raiz grega, significa "imergir na água". Este é o principal efeito do Batismo: participar da Páscoa de Cristo e ser enxertado nela; uma vez que aquele que é batizado desaparece na água, sofre uma morte semelhante à de Cristo, ressuscita para a vida e recebe a graça da imortalidade. É um novo nascimento! O sinal de imergir por três vezes recorda em nome de quem somos adquiridos como filhos, participantes da trinitária família divina.

A ação litúrgica é eficaz porque quem atua é o Espírito Santo (e não o ministro). Dessa forma, a Palavra se torna visível por meio de gestos e de sinais que cumprem objetiva e eficazmente as promessas que ela anuncia para aqueles que celebram.

Compromisso cristão: Ao sermos mergulhados na água da vida do Batismo, Deus coloca em nós a fé, a esperança e o amor, para sermos capazes de viver de acordo com seu projeto. "O cristão passou das trevas à luz, passou a fazer parte da comunidade dos santos na luz. Essa centralidade real e sacramental não pode ser desvinculada, na prática, da centralidade pessoal. Entra aqui toda a perspectiva da vida cristã como luta contra toda situação de pecado. O fato de que o ser humano esteja centrado em Cristo não lhe impede de viver também situado no mundo."[1] A vida nova na graça, recebida no Batismo, não suprimiu a fraqueza da natureza humana nem a inclinação ao pecado.

2º MOMENTO: PREPARAR O AMBIENTE E CELEBRAR

O catequista deve *preparar um ambiente bonito*, aconchegante, de acordo com o gesto a ser celebrado, e no qual as pessoas, de preferência em círculo, possam olhar umas às outras e criar um ambiente de comunidade.

Depois, *distribuir tarefas* como quem vai providenciar o material necessário, proclamar as leituras, proferir as preces..., e demonstrar segurança ao conduzir a celebração, uma vez que entendeu seu objetivo e cada um dos seus passos. Recomenda-se que a celebração transcorra num clima familiar e orante.

Então, *celebrar com o grupo o que foi planejado*: enquanto todos permanecem em silêncio, em tom familiar, iniciar a celebração, proclamando a Palavra, comentando o sentido usual do símbolo, e dar o passo seguinte: mostrar o sentido bíblico, demonstrar como as promessas bíblicas se cumprem no rito litúrgico. É preciso unir a Proclamação da Palavra com o sinal escolhido.

O catequista deve sempre perguntar, escutar e valorizar as intervenções dos participantes.

---

[1] TENA, El rito litúrgico del bautismo de niños, p. 20.

Por fim, *realizar o gesto litúrgico.* Nos diálogos transcorridos durante a celebração, naturalmente sobressairá o *compromisso vital* que nasce entre a ação divina e a resposta de adesão de nossa parte.

RITOS INICIAIS

Para facilitar a oração, escolher um local, de preferência diferente do ambiente onde se deu o encontro. Providenciar uma vela grande, cruz, Bíblia e, se possível, vestes para os que exercerão algum ministério.

Criar um ambiente celebrativo, de recolhimento, por meio de um refrão meditativo:

Onde reina o amor, fraterno amor, onde reina o amor, Deus aí está.

Motivação inicial

Canto de entrada (És água viva)

Enquanto se entoa o canto, entrar em procissão com a cruz, a vela e a Bíblia.

Eu te peço desta água que tu tens,
és água viva, meu Senhor,
tenho sede, tenho fome de amor
e acredito nesta fonte de onde vens.

Vens de Deus, estás em Deus, também és Deus,
e Deus contigo faz um só.
Eu, porém, que vim da terra e volto ao pó,
quero viver eternamente ao lado teu.

És água viva, és vida nova
e todo dia me batizas outra vez.
Me fazes renascer, me fazes reviver
e eu quero água desta fonte de onde vens. (bis)

Saudação

Presidente: *Em nome do Pai... A graça de N. S. J. C., o amor do Pai e a comunhão com o Espírito Santo estejam convosco.*

Todos: *Bendito seja Deus que nos reuniu no amor de Cristo!*

Memória

Os participantes fazem memória de situações que envolvem a água (seca, enchentes, racionamento, desperdício, poluição etc.).

Oração

Senhor, vós que sois a fonte de água viva que jorra para a eternidade, dai-nos sempre a irmã-água que revigora nossos corpos, reverdece a natureza e traz vida em toda parte. Fazei que sempre encontremos em vós a verdadeira fonte que mata nossa sede de justiça e solidariedade. Livrai-nos do flagelo das enchentes e das secas. Vós que sois Deus com o Pai e o Espírito Santo.

Todos: *Amém.*

Liturgia da Palavra

Primeira leitura bíblica: Êxodo 17,3-7

Leitura do Livro do Êxodo

Naqueles dias, o povo, sedento de água, murmurava contra Moisés e dizia: "Por que nos fizeste sair do Egito? Foi para nos fazer morrer de sede, a nós, nossos filhos e nosso gado?" Moisés clamou ao Senhor, dizendo: "Que farei por este povo? Por pouco não me apedrejam!" O Senhor disse a Moisés: "Passa adiante do povo e leva contigo alguns anciãos de Israel. Toma a tua vara com quem feriste o rio Nilo e vai. Eu estarei lá, diante de ti, sobre o rochedo, no monte Horeb. Ferirás a pedra e dela sairá água para o povo beber". Moisés assim fez na presença dos anciãos de Israel. E deu àquele lugar o nome de Massa e Meriba, por causa da disputa dos filhos de Israel e porque tentaram o Senhor, dizendo: "O Senhor está no meio de nós, ou não?"

Leitor: *Palavra do Senhor.*

Todos: *Graças a Deus!*

Salmo 62(63)

Salmista: *A minh'alma tem sede de vós.*

Todos: *A minh'alma tem sede de vós.*

Salmista: *Sois vós, ó Senhor, o meu Deus!*
Desde a aurora ansioso vos busco!
A minh'alma tem sede de vós,
minha carne também vos deseja,
como terra sedenta e sem água!

Todos: *A minh'alma tem sede de vós.*

Salmista: *Venho, assim, contemplar-vos no templo,*
para ver vossa glória e poder.
Vosso amor vale mais do que a vida:
e por isso meus lábios vos louvam.

Todos: *A minh'alma tem sede de vós.*

Salmista: *Quero, pois, vos louvar pela vida,*
e elevar para vós minhas mãos!
A minh'alma será saciada,
como em grande banquete de festa;
cantará a alegria em meus lábios,
ao cantar para vós meu louvor!

Todos: *A minh'alma tem sede de vós.*

Salmista: *Penso em vós no meu leito, de noite,*
nas vigílias suspiro por vós!
Para mim fostes sempre um socorro;
de vossas asas à sombra eu exulto!
Minha alma se agarra em vós;
com poder vossa mão me sustenta.

Todos: *A minh'alma tem sede de vós.*

Evangelho: João 7,37b-39a

Proclamação do Evangelho de Jesus Cristo segundo João

No último dia da festa, o mais solene, Jesus, de pé, proclamou em alta voz: "Se alguém tem sede, venha a mim e beba. Aquele que crê em mim, conforme diz a Escritura, rios de água viva jorrarão do seu interior". Jesus falava do Espírito, que deviam receber os que tivessem fé nele.

Leitor: *Palavra da Salvação.*

Todos: *Glória a vós, Senhor!*

Breve reflexão e partilha

Jesus é o rochedo do qual brota a verdadeira água viva. Assim como a água, Jesus é essencial para nossa vida. Sem ele, todos perecemos. Todo aquele que crê nele recebe o seu Espírito, torna-se seu templo e, por isso, rios de água viva jorrarão do seu interior.

Recitar um refrão meditativo ou fazer silêncio para reflexão pessoal a partir dos textos e do tema refletido; em seguida, partilhar ideias e sentimentos.

Liturgia da Água

Lado 1: *No jardim do mundo encontramos rios cruzando a terra. Toda a criação está plena de água (Gênesis 1,2).*

Todos: *Pelo Batismo somos gerados para Deus.*

Lado 2: *Das águas do útero materno, nasce uma vida. Das águas do Batismo nasce uma nova vida para Deus e para a Igreja.*

Todos: *Pelo Batismo somos gerados para Deus.*

Lado 1: *Assim como o nosso primeiro nascimento se operou na água, da mesma forma da água batismal se dá o novo nascimento pelo Espírito Santo.*

Todos: *Pelo Batismo somos gerados para Deus.*

Lado 2: *A fé nos conduz aos pés da cruz, plantada no chão para contemplar o homem nela cravado, sangrando água.*

Todos: *Pelo Batismo somos gerados para Deus.*

Lado 1: *O Batismo é a marca, o selo da nossa pertença total ao Deus da vida, em profunda comunhão com Cristo morto e ressuscitado, pela força do Espírito Santo.*

Todos: *Pelo Batismo somos gerados para Deus.*

Oração de louvor ao redor da água

Se houver fonte ou pia batismal, todos se concentram ao redor dela. Utilizar água já abençoada.

Ó Deus, nosso Pai, quantas vezes ao longo da história da salvação vós vos servistes da água para nos dar a conhecer a graça do Batismo! Já no princípio do mundo vosso Espírito pairava sobre as águas que, por ele fecundadas, conceberam a vida.

Todos: *O Senhor fez por nós maravilhas, Santo, Santo, Santo é o seu nome!*

Quando as águas do dilúvio inundaram a terra, vós a purificastes de toda a maldade e fizestes surgir uma nova humanidade.

Todos: *O Senhor fez por nós maravilhas, Santo, Santo, Santo é o seu nome!*

Quando o povo de Israel saiu do Egito, vós abristes um caminho por entre as águas para que ele atravessasse o mar Vermelho a pé enxuto. Livre da escravidão, Israel já anunciava, de longe, o povo que haveria de nascer das águas do Batismo.

Todos: *O Senhor fez por nós maravilhas, Santo, Santo, Santo é o seu nome!*

Quando Jesus foi batizado nas águas do rio Jordão, os céus se abriram. O Espírito Santo desceu sobre vosso Filho e vós declarastes todo o vosso amor para com ele.

Todos: *O Senhor fez por nós maravilhas, Santo, Santo, Santo é o seu nome!*

Quando Jesus foi pregado na cruz, seu coração foi traspassado pela lança do soldado, e do lado aberto fez jorrar, com a água e o sangue, os sacramentos da Igreja.

Todos: *O Senhor fez por nós maravilhas, Santo, Santo, Santo é o seu nome!*

Após a sua ressurreição, o Senhor Jesus ordenou aos apóstolos: "Ide, fazei todos os povos discípulos meus batizando-os em nome do Pai e do filho e do Espírito Santo".

Todos: *O Senhor fez por nós maravilhas, Santo, Santo, Santo é o seu nome!*

Renovai, ó Pai, a graça do Batismo em todos aqueles professam a fé pela água e pelo Espírito e alcancem a vida eterna. Por Cristo, nosso Senhor.

Todos: *Amém.*

Com calma e em clima de oração, as pessoas se aproximam da água, molham as mãos e traçam o sinal da cruz.

Partilha dos sentimentos

O que vimos? O que sentimos? Qual o seu significado para nós? Qual é o nosso compromisso?

BÊNÇÃO FINAL

Deus da vida, criador e libertador da escravidão do Egito, comunicai-nos o vosso Espírito no sinal da água.

Todos: *Amém.*

Deus Filho, redentor do mundo, que nos fizestes renascer da água e do Espírito, concedei-nos a graça de uma vida nova.

Todos: *Amém.*

Deus Espírito Santo, santificador da natureza e da humanidade, conduzi-nos por caminhos de esperança, de solidariedade e justiça.

Todos: *Amém.*

Abençoe-nos o Deus todo-poderoso... Vamos em paz, bendigamos ao Senhor que nos reuniu como irmãos.

Todos: *Graças a Deus!*

8º capítulo

Os efeitos do Batismo

"O Batismo infunde nas crianças uma vida nova, nascida 'da água e do Espírito Santo' (João 3,5). Em sua condição de crianças, elas são, real e verdadeiramente, enxertadas em Cristo e na Igreja. Recebem uma vida nova, são lavadas do pecado original nas águas do Batismo, a fé lhes é infundida, são consagradas ao serviço do Reino de Deus, tornam-se templo do Espírito Santo e co-herdeiras da vida eterna."[1]

Filiação divina

O texto de Romanos 8,14-17 nos mostra a graça de sermos, pelo Batismo, chamados filhos de Deus. Quem nos faz filhos de Deus? "Todos os que são conduzidos pelo Espírito de Deus são filhos de Deus" (v. 14). Pelo Batismo, recebemos o Espírito de filiação de Jesus, que veio habitar em nosso peito. Uma vez que o Pai encontra em nós o mesmo Espírito de seu Filho, reconhece-nos como tais e nós podemos clamar como Jesus: Abbá! Pai (cf. Gálatas 4,4-5). O Batismo nos concede o Espírito e nos permite participarmos da vida divina. A pessoa batizada recebe os dons do Espírito Santo: Fortaleza, Sabedoria, Ciência, Conselho, Entendimento, Piedade e Temor de Deus.

A unção que recebemos no Batismo é "selo", "marca" do próprio Espírito que nos identifica com Cristo, nos faz divinizados, filhos do Pai do Céu. O Batismo nos faz filhos e herdeiros de Deus (cf. Romanos 8,17). O selo implica propriedades e deveres,

[1] CNBB. *Batismo de crianças*. São Paulo: Paulinas, 1980. n. 95 (Documentos da CNBB, n. 19).

mas também garante a herança de quem nos marcou como nosso amo e Senhor (cf. 2 Coríntios 1,21-22; Efésios 1,13; 4,30).

"Pelo Batismo, o ser humano recebe o Espírito Santo (cf. Atos 1,5; 4,2; 19,1-13). É o Espírito que faz do cristão filho de Deus (Romanos 8,14-17; Gálatas 4,6). Ensina São Cirilo de Jerusalém: 'A água corre sobre o corpo externamente, mas é o Espírito que batiza totalmente a alma, no interior'. Renascemos da água e do Espírito (cf. João 3,5); 'Fomos lavados pelo poder regenerador e renovador do Espírito Santo, que ele ricamente derramou sobre nós' (Tito 3,5-6). 'O que é mais importante no Batismo é o Espírito Santo, por quem a água opera' (São João Crisóstomo)."[2]

O Espírito Santo prometido por Jesus, que caracteriza a nova aliança em oposição à antiga, não é somente uma manifestação exterior de poder milagroso e carismático como o dom de línguas ou de curas (cf. Atos 1,8); é também, e sobretudo, um princípio interior de vida nova que Deus dá, envia e derrama. Recebido pela fé e pelo Batismo, o Espírito habita no cristão, em seu espírito e mesmo em seu corpo; torna o cristão filho de Deus e faz habitar Cristo em seu coração.

Ele é para o cristão, como para o próprio Cristo (cf. Romanos 1,4), um princípio de ressurreição, por um dom dos últimos tempos que desde agora o marca como um selo (cf. 2 Coríntios 1,22) e se encontra nele como penhor e primícias. Substituindo o princípio mau da carne (cf. Romanos 7,5), torna-se no homem um princípio de fé (cf. 1 Coríntios 12,3), de conhecimento sobrenatural, de amor, de santificação, de conduta moral, de coragem apostólica, de esperança e de oração. Não se deve acabar com ele nem entristecê-lo. Unindo a Cristo, ele realiza a unidade de seu Corpo.

No Batismo recebemos o Espírito Santo, somos morada de Deus. O Pai nos reconhece como filhos porque o Espírito do Filho habita e age em nós. Por isso, o cristão é revestido da mais alta dignidade; sua vida transcorre como culto em espírito e verdade, e suas ações glorificam o Pai no dia a dia. Ali, o fiel passa a fazer parte da Igreja, Corpo místico de Cristo, do qual este último é a cabeça e nós os membros (cf. 1 Coríntios 12,27; Efésios 1,22-23).

---

[2] CNBB. *Batismo de crianças*. São Paulo: Paulinas, 1980. n. 83. (Documentos da CNBB, n. 19).

A VIDA NOVA

Em João 19,34, um dos soldados transpassou-lhe o lado com a lança e imediatamente correu sangue e água. Meditando sobre isso, a Igreja percebeu os sacramentos do Batismo e da Eucaristia. A água do lado aberto do coração de Jesus é o mais puro amor de Deus pela humanidade. Esse amor traz vida nova. O amor é o único capaz de romper com o pecado.

À samaritana (cf. João 4,1-42), Jesus diz: "Se conhecesses o dom de Deus e quem é que te diz: 'Dá-me de beber', tu é que lhe pedirias e ele te daria água viva" (v. 10). Jesus afirma que ele próprio é a água viva, a única água que realmente mata a sede do coração humano. O Batismo é água viva.

"O fruto do Batismo é a vida 'em Cristo'. O que significa isso? Entramos aqui no terreno da graça, da participação na vida divina, na semente de Deus [...]. O batizado é amado por Deus, é filho seu; não só da maneira como todos os homens são filhos de Deus, mas enxertado no interior da mesma vida divina: 'justificado' [...]. O Batismo não é só 'pregar a salvação' ou 'saber-se filho de Deus', mas também estabelecer entre Deus e o batizado, em Cristo e na Igreja, novas relações de comunhão."[3]

Nossa pertença, pelo Batismo, em Cristo faz com que cada cristão assuma como missão pessoal aquela de Cristo: salvar o mundo, isto é, combater o egoísmo, o ódio, com o amor de entrega e sem interesse.

Pelo Batismo recebemos o tesouro do Reino, somos cidadãos dele, herdeiros das bem-aventuranças, do mandamento maior: "Amai-vos uns aos outros assim como eu vos amei" (João 13,34). A vida nova conquistada é a terra prometida que usufruímos já neste mundo. Antecipamos, assim, a vida eterna, pois desfrutamos a condição de filhos e de herdeiros do Reino.

Pelo Batismo participamos do sacerdócio de Cristo, realizamos a sua Páscoa em nossa vida. Dessa forma, completamos em nossa carne o que falta à paixão de Cristo, em favor do seu Corpo,

---

[3] TENA, P. El rito litúrgico del bautismo de niños, p. 22.

que é a Igreja (cf. Colossenses 1,24); porque, se somos Corpo de Cristo, é natural que também vivamos sua Páscoa como condição para a vida eterna. Jesus nos alerta: "Quem quiser salvar sua vida vai perdê-la; mas quem perder a sua vida por causa de mim e do Evangelho vai salvá-la" (Marcos 8,35), do mesmo jeito que "o Filho do Homem veio não para ser servido, mas para servir e dar sua vida em resgate por muitos" (Mateus 20,28).

O grande apóstolo dos gentios, São Paulo, nos ensina, na Carta aos Romanos 8,5-13, como todo batizado deve ser e viver. Faz uma distinção entre dois estilos de vida:

- "Os que vivem segundo a carne desejam as coisas da carne, e os que vivem segundo o espírito, as coisas que são do espírito" (v. 5).
- "Se Cristo está em vós, o corpo está morto, pelo pecado, mas o Espírito é vida, pela justiça" (v. 10).
- "Se viverdes segundo a carne, morrereis, mas, se pelo Espírito fizerdes morrer as obras do corpo, vivereis" (v. 13).

Paulo faz uma distinção entre, de um lado, aqueles que vivem segundo a carne e desejam o pecado, e, do outro, aqueles que vivem segundo o Espírito e aspiram aos bens do Reino. O Batismo nos impulsiona a vivermos em união com Cristo e a nos distanciarmos do que não colabora com o testemunho cristão no mundo, o pecado. Quem, de acordo com Paulo, vive segundo o Espírito? Os batizados conscientes de sua missão. Quem vive segundo a carne? Aqueles que não conhecem a Cristo ou então aqueles batizados que vivem presos aos bens deste mundo e agem de acordo com sua lógica.

Todo batizado participa da comunidade dos santos, quer dizer, do reino da graça de Deus, onde não há pecado. O Batismo, enquanto vida nova em Cristo, nos faz participantes da salvação em Cristo. Essa vida nova nos faz romper com o pecado, lutar contra ele e viver de acordo com Cristo, no seguimento e no testemunho do Reino.

No grande chamado que o Batismo sempre é, todos os batizados são convocados a participar na totalidade da missão de Cristo e da Igreja, isto é, em sua tríplice função messiânica: participar ativamente na evangelização, no serviço sacerdotal das celebrações litúrgicas e no serviço da caridade, comprometendo-se na luta por uma sociedade mais justa e fraterna.

Aqueles que no Batismo foram revestidos de Cristo (cf. Romanos 13,14; Gálatas 3,27) têm a obrigação de segui-lo e imitá-lo. O seguimento de Cristo é uma exigência do Batismo. Podemos considerar o transcurso da vida cristã como o tempo do exercício do discipulado, no qual vivemos da graça inicial do nosso Batismo, quando nos encontramos sacramentalmente com o Senhor e fomos, definitivamente, configurados em sua morte e ressurreição. Assim, o discipulado/seguimento é o desenvolvimento efetivo da vida batismal como aprendizado e familiaridade com o Mestre, que nos chamou e nos associou a si mesmo, ao doar o seu Espírito de Ressurreição.

É pelo Batismo que o povo cristão tem o direito e o dever de participar da liturgia. O exercício do sacerdócio de Cristo na liturgia promove, necessariamente, a participação, comunhão, sinergia do fiel com a Trindade, com o objetivo de fazer crescer a vida cristã entre os fiéis. A ação celebrativa desencadeia tal cooperação entre a Trindade e o fiel, pois o mesmo Espírito segue em sua vida depois da celebração e leva-o a desenvolver seus frutos. A vida nova no Espírito somente poderá gerar um comportamento coerente com o dom recebido e presente na vida do fiel.

Após a recepção sacramental, a prática celebrativa da liturgia será a forma ordinária de viver integralmente a graça da iniciação como incorporação progressiva em Cristo. Pela liturgia, o cristão manifesta sua relação de filiação e comunhão com a Trindade, assumindo o mistério de salvação. Constituirá o lugar, por excelência, do encontro com Cristo e da recepção da graça que, por obra do Espírito Santo, nos transforma em filhos de Deus Pai.

A plenitude do dom da fé recebido no Batismo coincide com a participação na vida nova marcada pelos critérios evangélicos das bem-aventuranças e não mais pela ordem instituída. A fé não se reduz ao teórico conhecimento de Deus, mas torna operativo o conhecimento na medida em que se transforma em culto a Deus com uma vida autenticamente cristã.

A relação mestre-discípulo não se limita ao fato de ensinar e aprender uma doutrina, mas é uma comunhão vital com Jesus e se traduz na obediência incondicional à sua palavra. Os seguidores de Jesus participam de sua vida, de suas atividades, particularmente do anúncio do Reino. Mas eles dependem plenamente de Jesus e agem em comunhão com ele. Sem a relação-comunhão vital com Jesus, a pregação da Boa-Nova do Reino perde toda sua força de transformação.

Somos convidados a viver neste mundo na condição de batizados, de discípulos de Jesus Cristo, porque assumimos sua missão e o serviço de amor para acolher o Reino em sua pessoa. Se somos amigos dele neste mundo, ele igualmente nos testemunhará diante do Pai para merecermos a salvação. Por isso, o Batismo é chamado como *veste de imortalidade*.

Muitas vezes, buscamos o sacramento querendo apenas seu efeito. Porém, o sacramento não produz mágica. Toda criança batizada é marcada com o selo do Batismo para sempre. Deus concede sua graça sem depender da resposta humana. No entanto, o sacramento somente produzirá seus frutos, será eficaz, se a criança se abrir à graça divina ao longo de sua existência segundo o caminho do Evangelho.

Isso valoriza a educação religiosa a que a criança tem direito e necessariamente vai requerer uma família com princípios de fé, respeitosa do outro, assim como tratamos no 3º capítulo. Alertamos que a meta é a iniciação completa da criança, com a recepção da Confirmação e da Eucaristia num processo de conversão.

A UNIDADE DA INICIAÇÃO CRISTÃ

O tempo próprio de celebração dos sacramentos da iniciação é a Páscoa. Cada um, de acordo com a ação de seu sinal (banho de imersão, unção crismal e comunhão com o sacrifício), produz a participação e a configuração na Páscoa de Cristo.

O Batismo é considerado a porta da vida espiritual; por isso, a fonte batismal ou o batistério se localiza na entrada da igreja. O Batismo constitui o momento inicial de identificação, pois propicia a primeira participação na morte e ressurreição de Cristo, na qual o batizado é transformado radicalmente.

Pelo Batismo, por uma morte semelhante à sua, nos tornamos uma coisa só com Cristo (cf. Romanos 6,5). Tudo o que é próprio dele, passa então a ser do cristão; assumimos a mesma missão de Cristo, porque nos tornamos seus discípulos e fomos incorporados nele.

Quando as crianças ou os adultos batizados irão responder a esse dom?

Ao sermos batizados, Deus perdoa todos os nossos pecados, nos confere o Espírito de seu Filho, nos dá o Reino como herança e nos dispensa todas as graças. Só fica faltando uma coisa: nossa resposta de fé ao grande dom de filiação recebido. A nossa existência inteira constituirá o tempo hábil para respondermos "sim" ao dom do nosso Batismo e vivermos como filhos de Deus.

O discípulo não é maior do que o Mestre (cf. Mateus 10,24). Se ele foi incompreendido e nos amou até às últimas consequências, este será o caminho do discípulo: amar, doar-se, entregar a vida como ele o fez. "Se alguém quer vir após mim, renuncie a si mesmo, tome a sua cruz e siga-me!" (Marcos 8,34). A cruz de Jesus, sinal de doação, de serviço e da sua luta com o espírito do mundo, infalivelmente, também se erguerá na vida do cristão. Portanto, a Páscoa não será prerrogativa só de Cristo, mas sim de todo batizado.

Renascidos, no Batismo, participamos da tríplice missão de Cristo: ser profeta, sacerdote e rei.

A unção recebida no Batismo associa o fiel ao sacerdócio de Cristo. Cristo eternamente se oferece ao Pai pela humanidade, e, como somos membros de seu corpo, participamos da dinâmica pascal e aprendemos a oferecer com ele a nossa própria vida como hóstia santa; é o chamado "sacerdócio comum dos fiéis".

Por isso, os cristãos são capazes de prestar a Deus um culto autêntico, que consiste na transformação de sua existência pela caridade divina.

Esse exercício de vencer o pecado, o mal, o egoísmo, é proposto como missão ou projeto de vida para aquele que foi associado ao seu corpo. Essa, então, será a nossa resposta de fé e de adesão ao projeto de Deus em nossa vida. Constituirá o nosso sim ao Batismo que recebemos e o assumir a cruz junto com ele.

Confirmação

O sinal principal da Confirmação é a assinalação da cruz com o óleo do crisma, ao que o bispo diz: "Recebe por este sinal o Espírito Santo, dom de Deus". Esse sinal associa o crismando ao mistério da cruz de Cristo, para que, pela força do Espírito Santo, vença os sofrimentos e seja sempre fiel ao projeto de Deus em sua vida.

A Confirmação expressa e supõe a força especial do Espírito para cumprir a missão profética de Cristo em meio ao mundo, para edificar em unidade a Igreja, Corpo de Cristo, e defender a verdade do Evangelho nas diversas situações da vida.

A Confirmação, aperfeiçoamento e prolongamento do Batismo, faz os batizados avançarem pelo caminho da iniciação cristã. Ela expressa e supõe a força especial do Espírito para cumprir a missão profética no mundo, para edificar em unidade a Igreja, Corpo de Cristo, e para defender a verdade do Evangelho nas diversas situações da vida. Por isso, é chamada de sacramento da *maturidade espiritual*. O crismado ganha força mediante a acolhida do dom do Espírito. Assim, torna-se mais capaz de amar, servir o Reino, colocar-se em atitude de entrega e testemunhar o amor até suas últimas consequências. A Confirmação capacita o indivíduo a viver as exigências do caminho pascal comemorado no sacrifício da Eucaristia. Ela está, portanto, orientada à plena participação do cristão na Eucaristia.

Desde seu Batismo, o cristão aprende que viver em Cristo é amar sem limites, é doar a si mesmo em favor dos outros. São os selos do Batismo e o da Crisma que permanecem com o cristão e o orientam pela vida afora, pois, animado pelo Espírito Santo, poderá responder sempre afirmativamente ao projeto de Cristo em sua vida. A iniciação marca os fundamentos de toda a vida como seguimento de Cristo; equivale a um projeto de vida e um modo de ver e se posicionar no mundo, segundo o projeto de Jesus Cristo. Supõe-se que o batizado viva a Páscoa de Cristo cada vez mais real e plenamente.

Eucaristia

Eucaristia leva a iniciação a termo, pois o batizado, incorporado à comunidade, reproduz o único sacrifício, que é o seu. Os sacramentos da iniciação são chamados sacramentos da Igreja porque, de agora em diante, os neófitos oferecem o sacrifício de Cristo associados ao seu corpo, oferecem em si mesmos o sacrifício da Igreja. Por isso, o Batismo se cumpre na Eucaristia.

A Eucaristia é a possibilidade de continuarmos participando do mistério da paixão, morte e ressurreição do Senhor com a finalidade de nos assemelharmos sempre mais ao Senhor, por meio de atitudes cada vez mais de acordo com o Evangelho.

Em cada Eucaristia, fazemos memória do sacrifício de Cristo e queremos que nossa vida seja um sacrifício de louvor. É o Cristo inteiro, cabeça e membros, que se oferece pela salvação da humanidade. Assim, aclamamos na Oração Eucarística III: "Fazei de nós uma oferenda perfeita".

A Eucaristia, enquanto sacrifício de Cristo, é também sacrifício da Igreja e, consequentemente, dos fiéis. Em cada ato de sua vida, o cristão é chamado a manifestar o verdadeiro culto a Deus; daqui toma forma a natureza eucarística da vida cristã. A Eucaristia torna possível, dia após dia, a transfiguração do homem, chamado a ser por graça divina conforme à imagem do Filho de Deus.

A Eucaristia será a participação repetida de toda a comunidade no mistério pascal e será a incorporação na Igreja, cada vez mais perfeita e total. Cristo associa a Igreja à única oferenda que faz ao Pai em unidade com o Espírito Santo. É o Cristo inteiro, cabeça e membros, que se oferece pela salvação da humanidade.

Ao participar da liturgia eucarística, o batizado reproduz o único sacrifício, que é seu, e oferece ao Pai sua própria vida, seu trabalho, seus sonhos unidos ao sacrifício de Cristo. Por isso, aclama, seguindo a Oração Eucarística: "Fazei de nós uma oferenda perfeita".

Desde o dia do Batismo, em que fomos submergidos em Cristo, até a hora da morte, a última Páscoa do cristão, participamos de sua Páscoa: doando a vida, servindo e amando o próximo como ele o fez, a ponto de morrer na cruz. Todo o caminho é uma vivência progressiva da Páscoa de Cristo comunicada a cada um de nós.

A intenção é que o batizado viva a Páscoa de Cristo cada vez mais real e plenamente. Por isso, a Eucaristia dominical é a ocasião perfeita para oferecer o sacrifício de louvor de toda a vida entregue ao Reino. O crismando é chamado a aperfeiçoar sua entrega oblativa junto com Cristo ao Pai, na força do Espírito, todas as vezes que entra em comunhão com o divino sacrifício na celebração da missa. Dessa forma, a liturgia, o Ano Litúrgico e todos os sacramentos têm a tarefa comum de produzir a configuração da pessoa na Páscoa de Cristo. Vamos de Páscoa em Páscoa até a Páscoa derradeira.

O Batismo de crianças

Com frequência ouvimos pregadores de outras denominações religiosas colocar em dúvida a validade do Batismo de crianças, porque, segundo eles, não se pode provar sua ocorrência no Segundo Testamento e também porque a criança não pode responder pela fé que recebe.

O Segundo Testamento apresenta argumentos indiretos, pelos quais não se pode comprovar se se batizavam ou não crianças. Ele não fala explicitamente do Batismo de crianças, mas do Batismo de conversão, mediante o qual judeus e pagãos, como adultos convertidos, ingressam na comunidade cristã. No tempo dos apóstolos, a atenção pastoral centrava-se no Batismo de adultos.

O principal argumento apostólico a favor é extraído dos batismos feitos por Paulo de famílias ou casas inteiras (*o oikos*), que incluíam as crianças da comunidade doméstica, dada a solidariedade do lar antigo. Dizem os textos:

- Sobre o Batismo de Lídia, comerciante de púrpura, da cidade de Tiatira: "Após ter sido batizada, assim como toda a sua casa..." (Atos 16,15).

- Quando houve a libertação milagrosa de Paulo e Silas da prisão, o carcereiro se converteu "e, imediatamente, foi batizado, junto com todos os seus familiares. Depois, fez Paulo e Silas subirem até sua casa, preparou-lhes um jantar e, com toda a casa, fizeram festa porque passaram a crer em Deus" (Atos 16,33-34).

- "Crispo, o chefe da sinagoga, acreditou no Senhor com toda a sua família; e muitos coríntios que escutavam Paulo abraçavam a fé e recebiam o Batismo" (Atos 18,8).

- "Batizei a família de Estéfanas" (1 Coríntios 1,16).

Outros argumentos indiretos se deduzem das bênçãos de Jesus às crianças (cf. Marcos 10,13-16); da comparação do Batismo cristão com a circuncisão judaica entre as crianças varões; do batismo que os judeus aplicavam aos pagãos que se convertiam ao judaísmo, os chamados prosélitos, em que famílias inteiras com seus filhos pequenos recebiam o batismo.

Na realidade, afirma o teólogo G. Barth, não se pode provar que na época do Novo Testamento se batizavam as crianças e, especialmente, os recém-nascidos sozinhos ou juntamente com os adultos. Certamente não se pode tampouco provar o contrário, a saber, que não se batizavam as crianças. As fontes não nos informam a respeito.

Atualmente parece bem demonstrado que a comunidade judeo-cristã primitiva, bem como as Igrejas que se formaram depois pela pregação de Paulo e a de seus colaboradores, praticaram o Batismo dos filhos de pais cristãos, tanto as crianças que haviam nascido por ocasião do Batismo de seus pais como as que nasciam posteriormente. Batismo de adultos e Batismo de crianças conviviam normalmente na prática da Igreja primitiva.

A resposta de fé

O Batismo de crianças é uma prática antiga, introduzida aos poucos na Igreja. Ela se generalizou no século 5, sem sobressaltos nem controvérsias importantes até a Reforma no século 16.

Nos túmulos romanos dos primeiros quatro séculos da era cristã, nas chamadas catacumbas, é comum encontrar a lápide de mármore que identifica o falecido. Nelas, pode-se diferenciar a lápide de uma criança cristã batizada e de uma sem ter sido batizada. Esse dado arqueológico comprova a prática do Batismo de criança na Igreja desde os primeiros séculos.

Tão logo a ideia da universalidade de uma mancha derivada do pecado de Adão e contraída através da geração emergiu na Igreja, já a partir do século 2 começou-se a atribuir ao Batismo o poder de apagá-la e a ver neste efeito a justificação do Batismo de crianças.

O fato de as crianças não poderem ainda professar sua fé não impede que se confira a elas o sacramento, porque, na realidade, "são batizadas na fé da Igreja", não precisamente na fé pessoal que os pais possam ter, coisa evidentemente desejável. Santo Agostinho costumava explicar que, mais que os próprios pais, é a Igreja-mãe que leva em seus braços as crianças ao novo nascimento cristão. Não obstante, ainda que a Igreja seja "consciente da eficácia de sua fé que atua no Batismo das crianças e da validade do sacramento que ela lhes confere, reconhece limites à sua prática, já que, excetuando o caso de perigo de morte, ela não aceita dar o sacramento sem o consentimento dos pais e a garantia séria de que a criança batizada receberá a educação católica".[4]

O Batismo de crianças põe em relevo a gratuidade da salvação oferecida por Deus, sem qualquer mérito de quem o recebe; é um sinal da graça de Deus que antecede qualquer ato de fé da criança.

---

[4] CONGREGAÇÃO PARA A DOUTRINA DA FÉ. *Instrução sobre o Batismo de crianças.* São Paulo: Paulinas, 1980. n. 15.

Não é um atentado à liberdade da criança porque a nossa liberdade sempre está condicionada por inúmeros fatores que limitam nossa capacidade de decidir. A criança, especialmente nessa fase de vida, depende em tudo de seus pais, inclusive, na esfera religiosa. Isso até poder assumir livre e pessoalmente a graça da fé e do Batismo.

Da criação à redenção

É muito comum ouvirmos esta pergunta: *se já sou criatura de Deus, por que devo ser batizado?* Na história da salvação, isto é, no diálogo de Deus com a humanidade, distinguimos três planos ou etapas:

- *A criação.* Deus cria tudo o que existe e, principalmente, cria o ser humano à sua imagem e semelhança, porque sopra sobre ele o seu hálito de vida (*anima*), o seu Espírito. O ser humano rompe essa relação de harmonia ao ouvir a voz do tentador e querer fazer-se igual a Deus. Entram no mundo *o pecado*, o desequilíbrio, a violência. O ser humano, no dizer dos Padres da Igreja, perde sua semelhança com Deus.

- *A redenção.* Deus continua o diálogo de salvação com a humanidade e estabelece uma aliança primeiramente com Abraão, depois com Moisés; esta última selada com o sangue do Cordeiro: "Eu serei o vosso Deus e vós sereis o meu povo" (Ezequiel 11,20). Essa aliança, tantas vezes rompida pelo povo e seus dirigentes, leva os profetas a anunciarem uma aliança mais perfeita selada pelo Messias. Deus nos deu a conhecer o mistério de sua vontade: salvar o mundo por seu Filho. Jesus instaura o Reino com uma nova prática de vida que tem o amor-serviço como sua máxima expressão. Jesus combate o pecado, que tem como preço a morte. O Cordeiro de Deus, apontado por João Batista, sela com seu sangue a Segunda Aliança. O Pai o ressuscita e nele, por ele e com ele somos salvos, uma vez que a dívida que pesava sobre a humanidade foi resgatada. Cristo Ressuscitado sopra sobre seus apóstolos e lhes diz: "Recebei o Espírito Santo" (João 20,22). Novamente o gesto da criação se repete. O que Deus criou, Cristo redimiu e o Espírito santificou.

- O *juízo final*. Jesus Cristo se acha sentado à direita do Pai e virá no fim dos tempos para julgar vivos e mortos e dar a recompensa aos bons. A Igreja gloriosa, com a multidão dos santos que lavaram suas vestes nas águas do Cordeiro, já é uma realidade. Do trono do Cordeiro sobe o canto esplendoroso de louvor ao Pai (cf. Apocalipse 7,4-12). Para ela todos somos chamados. A Jerusalém Celeste é a certeza de salvação para todos que se uniram ao Cordeiro aqui na terra.

Tendo presente esse diálogo de salvação entre Deus e a humanidade, fica fácil entender por que temos que ser batizados. Devemos passar do plano da criação para o da redenção. "Quem não nascer da água e do Espírito não poderá entrar no Reino de Deus" (João 3,5). "Os pais, desde muito cedo, proporcionam-lhes o Batismo, o banho do novo nascimento pelo qual, de simples criatura, a criança passa a ser filho de Deus, de simples membro da família humana, passa a ser membro vivo da família de Deus, a Igreja."[5]

Algumas dicas para equipe de Batismo

Como formação continuada, os membros da equipe poderão fazer a leitura orante dos "textos bíblicos a serem usados na celebração do Batismo de crianças".[6] Os textos propostos são um material abundante e muito oportuno para a catequese com os pais e padrinhos, visto que durante o transcorrer da celebração não se busca fazer catequese diretamente. As leituras, se antes foram explicadas e comentadas, adquirem na celebração um dinamismo maior e aprofundam o significado do sacramento.

---

[5] CNBB, *Batismo de crianças*, n. 38.

[6] *Ritual do Batismo de crianças*, nn. 340-357.375-389.

Gênesis 17,1-8	Estabelecerei para sempre minha aliança entre mim e ti e teus descendentes, uma aliança eterna.
Êxodo 17,3-7	Dá-nos água para beber.
Deuteronômio 6,1-7	Ouve Israel, amarás o Senhor teu Deus com todo o teu coração.
Isaías 44,1-3	Infundirei meu espírito em tua descendência.
Jeremias 31,31-34	Imprimirei minha lei em suas entranhas.
Ezequiel 36,24-28	Derramarei sobre vós uma água pura e sereis purificados.
Ezequiel 47,1-9.12	Vi sair água do templo, e todos os que esta água tocou foram salvos.
Oseias 11,1.3-4.8-9	Eu os atraía com laços de amor.
Mateus 22,35-40	Esse é o maior e o primeiro mandamento.
Mateus 28,18-20	Fazei discípulos meus todos os povos.
Marcos 1,9-11	Foi batizado por João no rio Jordão.
Marcos 10,13-16	Deixai vir a mim as crianças.
Marcos 16,15-16.19-20	Quem crê e for batizado será salvo.
Lucas 10,17-24	Ficai alegres porque vossos nomes estão escritos no céu.
João 1,29-34	Eis o Cordeiro de Deus, que tira o pecado do mundo.
João 3,1-6	Se alguém não nasce do alto, não pode ver o reino de Deus.
João 3,16-21	Para que todo o que nele crer tenha a vida eterna.
João 4,5-14	Uma fonte de água que jorra para a vida eterna.

João 7,37b-39a	Rios de água viva jorrarão de seu interior.
João 9,1-7	Ele foi, lavou-se e voltou enxergando.
João 15,1-11	Aquele que permanece em mim, e eu nele, esse produz muito fruto.
João 19,31-35	Abriu-lhe o lado e saiu sangue e água.
Romanos 5,1-2.5-8	O amor de Deus foi derramado em nossos corações pelo Espírito Santo que nos foi dado.
Romanos 6,3-5	Sepultados com Cristo pelo Batismo, levemos uma vida nova.
Romanos 8,28-32	Predestinou a serem conformes à imagem de seu Filho.
1 Coríntios 12,12-13	Fomos batizados num único Espírito, para formarmos um único corpo.
Gálatas 3,26-28	Vós todos que fostes batizados em Cristo vos revestistes de Cristo.
Efésios 1,3-10.13-14	Ele nos predestinou para sermos seus filhos adotivos por intermédio de Jesus Cristo.
Efésios 4,1-6	Há um só Senhor, uma só fé, um só Batismo.
Efésios 5,8-14	Levanta-te dentre os mortos e sobre ti Cristo resplandecerá.
Tito 3,4-7	Ele nos salvou pelo Batismo e pelo Espírito Santo.
1 Pedro 2,4-5.9-10	Mas vós sois a raça escolhida, o sacerdócio do Reino.

9ª capítulo

A comunidade cristã

Os pais e padrinhos vieram pedir o Batismo para seus filhos. O Batismo acontece na Igreja. "Na celebração do Batismo, é importantíssimo realçar que esse sacramento é a porta de entrada para a Igreja, Povo de Deus e Corpo de Cristo. Ora, a Igreja não subsiste em forma de indivíduos avulsos, mas se organiza em comunidades locais, maiores e menores, como as dioceses, paróquias, comunidades de base e famílias".[1] Por isso, a acolhida nos ritos iniciais do Batismo preferivelmente se dá às portas da igreja e do lado de fora dela.

Um dos efeitos do Batismo é incorporar o batizado em Cristo, isto é, torná-lo parte de seu Corpo. Ora, São Paulo nos diz que o Corpo de Cristo é a Igreja, ou a humanidade redimida que recebeu o Espírito da ressurreição. Assim, formamos unidade com Cristo. Ele é a cabeça, e nós, seus membros. "Como o corpo é um, embora tenha muitos membros, e como todos os membros do corpo, embora sejam muitos, formam um só corpo, assim também acontece com Cristo. De fato, todos nós, judeus ou gregos, escravos ou livres, fomos batizados num só Espírito, para formarmos um só corpo" (1 Coríntios 12,12-13).

São Paulo nos diz que as divisões são superadas no Batismo. Não há no Corpo de Cristo lugar para separações entre raças, condição social ou sexo. Todos que fomos nascidos de novo nas águas batismais executamos funções diferentes, mas todos somos igualmente importantes. E o que distingue a comunidade cristã é, certamente, a capacidade de pôr-se a serviço e colaborar para que o Corpo seja mais unitário, sem divisões ou brigas. Assim,

---

1 CNBB. *Batismo de crianças*. São Paulo: Paulinas, 1980. n. 166. (Documentos da CNBB, n. 19).

são importantes como membros do corpo, tanto o padre como o fiel que reza no último banco; todos somos amados e queridos pelo Pai. Formamos o Povo de Deus, a Igreja santa.

O edifício da igreja também serve como comparação. Ele é formado pelos tijolos. São Pedro fala que os cristãos são as pedras vivas que formam o templo espiritual (cf. 1 Pedro 2,5). Assim, quando nos referimos à Igreja, muitos imaginam logo o edifício, e não a comunidade de batizados que se reúne para fazer a memória do Senhor e viver a vida nova no Reino de Cristo.

É comum os pais solicitarem o Batismo motivados apenas pela tradição familiar, pelo costume de batizar a criança com medo de alguma força maléfica. Vivemos em tempos nos quais esses argumentos não se sustentam se não estiverem acompanhados de uma real educação da fé tanto da criança quanto de toda a família, a começar dos pais. Hoje, temos o triste quadro de milhões de cristãos que, embora batizados, não foram evangelizados, não conhecem a fé recebida no Batismo e, por isso, deixam a Igreja sem conhecê-la.

Ligado à falta de evangelização, atualmente, constatamos o fenômeno de troca de Igrejas. Há, minimamente, que averiguar a origem da comunidade à qual se vai aderir. Como ela foi fundada? Trata-se apenas de uma inspiração humana particular, de alguma pessoa que começou a congregar? Isso deve ser questionado, porque livremente poderíamos abrir um sem-fim de comunidades, com denominações diferentes.

Às vezes, busco aquela que mais me agrada, ou aquela na qual me sinto bem, ou que fui mais bem acolhido, ou então onde eu consegui a graça desejada. Tais motivações são válidas, porém insuficientes para definir uma Igreja na qual viver a fé. Se assim fosse, caberia eleger aquela que melhor executasse o plano de propaganda e atendimento de seus clientes. Não é demais recordarmos que, como já foi dito anteriormente, muitas optam pela teologia da prosperidade, do sucesso e das curas miraculosas e, assim, proporcionam mais conforto espiritual ao fiel. A cruz de Cristo com suas exigências acaba esquecida.

A Igreja é casa e família para todos, especialmente para os que estão cansados e sobrecarregados, como nos diz Jesus em Mateus 11,28: "Vinde a mim todos vós que estais cansados sob o peso do fardo, e eu vos darei descanso". Porém, esclarecemos que temos fé não para que Deus satisfaça nossas vontades ou porque somos capazes de insistir tanto na oração de intercessão que alcançamos tudo o que queremos. Diz-nos o Evangelho: "Pedi e vos será dado! Procurai e encontrareis! Batei e a porta vos será aberta!" (Mateus 7,7). Essa palavra deve ser lida, antes de tudo, no contexto que estamos neste mundo para cumprir a vontade de Deus. Jesus Cristo, que não veio fazer a própria vontade, mas sim a do Pai (cf. João 6,38), assim diz no Pai-Nosso: "Seja feita a vossa vontade assim na terra como no céu". E entender que as coisas acontecem no transcorrer da vida humana, com seus desafios, dificuldades e vitórias, sem diminuir a força do pecado e suas consequências sobre nós.

Alcançar esta ou aquela graça ou ter sucesso não basta. Nossa maior alegria, enquanto pessoas de fé, é acolher a vitória da ressurreição em nossas vidas. Essa é a maior graça que alcançamos como filhos de Deus. Fomos salvos, libertos de toda escravidão e, em Cristo, alcançamos a plenitude da vida eterna. Por isso, todos os pedidos que fazemos a Deus devem ser relativizados dentro da misericórdia do Pai de nos salvar com o sacrifício de seu Filho Jesus. Nada se compara a essa grandeza.

Alertamos também para a leitura fundamentalista que se faz da Bíblia em muitas dessas novas comunidades. Um versículo da Bíblia isolado do contexto em que foi escrito ou da intenção do autor bíblico constitui uma palavra fácil de ser manipulada pelo pregador segundo sua intenção de mostrar isto ou aquilo. Cada passagem deve ser lida em comparação com textos de outros livros bíblicos, a fim de que seu sentido seja matizado e completado no conjunto da revelação. A leitura fundamentalista "é uma 'interpretação literal' que exclui a consideração do desenvolvimento do texto bíblico, dos gêneros literários, do modo de se expressar próprio da cultura de seus autores. A leitura fundamentalista propõe certezas que muitas pessoas acham tranquilizadoras. Seu maior perigo tem sido o de desviar membros da comunidade das exigências de sua caminhada".[2]

---

[2] CNBB. *Diretório nacional de catequese.* São Paulo: Paulinas, 2006. n. 114. (Documentos da CNBB, n. 84).

A Igreja Católica

Devemos nos perguntar mais a fundo quais são os motivos que nos levam a batizar na Igreja Católica. "Apesar da divisão entre os cristãos, ao longo da história, a verdadeira Igreja de Jesus Cristo nunca desapareceu, nem foi perdida; ela subsiste na Igreja Católica [...]. Em nenhum outro lugar se encontra, como na Igreja Católica, a plenitude dos meios salvíficos queridos e estabelecidos por Cristo."[3]

Tradicionalmente, costumamos dizer que a Igreja é una, santa, católica e apostólica. Estes atributos indicam os traços essenciais da Igreja e da sua missão.

A Igreja é una

É *una* por sua fonte, um só Deus, um só Batismo, um só Espírito e um só Corpo de Cristo, embora essa unidade aconteça na diversidade dos vários povos, línguas e nações. Essa unidade se manifesta:

- na profissão de uma única fé recebida dos apóstolos,
- na celebração comum do culto divino,
- na sucessão apostólica, por meio do sacramento da Ordem.

Também devemos considerar que aqueles que pertencem a comunidades separadas da Igreja Católica "e estão imbuídos da fé em Cristo não podem ser arguidos de pecado de separação, e a Igreja Católica os abraça com fraterna reverência e amor [...]. Justificados pela fé recebida no Batismo, estão incorporados em Cristo, e por isso com razão são honrados com o nome de cristãos e merecidamente reconhecidos pelos filhos da Igreja Católica como irmãos no Senhor.

Além disso, muitos elementos de santificação e de verdade existem fora dos limites visíveis da Igreja Católica: a caridade, outros dons interiores do Espírito Santo e outros elementos visíveis.

---

3 CNBB. *Sou católico. Vivo a minha fé*. 2. ed. Brasília: Edições CNBB, 2007. p. 161.

O Espírito de Cristo serve-se dessas Igrejas e comunidades eclesiais como meios de salvação cuja força vem da plenitude de graça e de verdade que Cristo confiou à Igreja Católica. Todos esses bens provêm de Cristo, levam a ele e chamam, por si mesmos, para a unidade católica".[4]

O *vínculo de comunhão*

Devemos respeitar o sacramento do Batismo ministrado em outras Igrejas. A distinção das Igrejas que batizam validamente ou não se encontra no anexo deste livro. Diversas Igrejas batizam, sem dúvida, validamente, pois ministram o Batismo a seus membros pela primeira vez com água e em nome da Trindade.[5] Por isso, um cristão batizado numa delas não pode ser rebatizado, nem sequer sob condição. O Batismo requer cuidado pastoral, não só por motivos de rito e intenção, mas pelos seus efeitos para a comunhão eclesial, pois trata-se do sacramento que realiza uma real comunhão, embora imperfeita, entre todos os batizados: "O Batismo constitui o vínculo sacramental da unidade, que liga todos os que foram regenerados por ele".[6] Esse elemento esteja presente na catequese e na pregação, em vista do respeito, diálogo e colaboração entre os cristãos e suas confissões.[7]

A Igreja é santa

"A Igreja é, aos olhos da fé, indefectivelmente santa. Pois Cristo, Filho de Deus, que com o Pai e o Espírito Santo é proclamado o 'único Santo', amou a Igreja como sua Esposa. Por ela se entregou com o fim de santificá-la. Uniu-a a si como seu corpo e cumulou-a com o dom do Espírito Santo, para a glória de Deus. A Igreja é, portanto, o povo santo de Deus, e seus membros são chamados santos."[8]

---

4 *Catecismo da Igreja Católica*, nn. 818-819.

5 Cf. *Código de Direito Canônico*, cân. 869, nota, p. 231.

6 CONCÍLIO VATICANO II, *Unitatis redintegratio*, n. 22.

7 Cf. *Diretório Ecumênico da Santa Sé*, nn. 92-100.

8 *Catecismo da Igreja Católica*, n. 823.

A Igreja, o Povo de Deus que confia em Cristo, manifesta a fé em Deus pela força do Espírito Santo. A presença do Espírito Santo faz com que a Igreja seja santa e garanta que sua liturgia (oração, sacramentos e sacramentais), o anúncio da Palavra e o serviço da caridade sejam verdadeiros e tornem presente a ação de Deus neste mundo.

A Igreja é a assembleia dos convocados em nome do Senhor para serem sinal de sua presença no mundo mediante a mesma fé, participando dos mesmos sacramentos (mesmo Batismo) e unidos de coração no amor de Cristo.

A comunidade é o lugar que nos reunimos como família de Deus na casa do Pai. É verdade que humanamente nossa Igreja tem muitas deficiências. Vivemos na terra, somos pessoas cheias de acertos e erros. Igualmente, a estrutura paroquial pouco favorece a organização do povo na cidade.

"A Igreja, reunindo em seu próprio seio os pecadores, ao mesmo tempo santa e sempre necessitada de purificar-se, busca sem cessar a penitência e a renovação. Todos os membros da Igreja, inclusive seus ministros, devem reconhecer-se pecadores. Em todos eles o joio do pecado continua ainda mesclado ao trigo do Evangelho até o fim dos tempos. A Igreja reúne, portanto, pecadores alcançados pela salvação de Cristo, mas ainda em via de santificação."[9]

A Igreja não é somente o que aparece externamente. Nela há uma vida escondida que empurra, move e vivifica: o Espírito invisível que habita em cada um de nós, anima-nos e nos fortalece para superar as debilidades de nossa carne e formar um só corpo, uma só comunidade. A Igreja é santa, sobretudo, porque o Espírito Santo se manifesta nela. Por isso, os antigos Padres da Igreja a comparavam ao mistério da lua, pois esta brilha não com luz própria, mas reflete aquela do sol. O mesmo sucede com a Igreja, que reflete a luz irradiante de Cristo no mundo através da pregação de sua Palavra, da celebração de seus mistérios e do testemunho de sua caridade.

---

[9] Ibid., n. 827.

A Igreja é católica

A palavra "católico" significa universal no sentido de totalidade. A Igreja é católica porque nela Cristo está presente. Ela recebe de Cristo a plenitude dos meios de salvação: confissão de fé correta e completa, vida sacramental integral e ministério ordenado na sucessão apostólica. Ela é católica porque é enviada em missão por Cristo à universalidade do gênero humano.[10]

A Igreja é apostólica

Jesus, ao iniciar sua missão, escolhe doze apóstolos (cf. Mateus 10,1-4), primeiramente para estarem com ele e depois para levarem a Boa-Nova a Israel e a todas as nações. A palavra "apóstolo" quer dizer "enviado". Os doze homens escolhidos por Cristo foram enviados para continuar no mundo a missão de Jesus Cristo. É a nova comunidade dos discípulos de Jesus que, acreditando nele, são convocados a viver e anunciar a Boa-Nova.

A sucessão dos apóstolos garante a continuidade da missão de Cristo e é garantia de fidelidade a seu ensinamento. A Igreja é apostólica por ser fundada sobre os apóstolos, e isto em três sentidos:

- ela foi e continua sendo construída sobre o fundamento dos apóstolos (cf. Efésios 2,20), testemunhas escolhidas e enviadas em missão pelo próprio Cristo;
- ela conserva e transmite, com a ajuda do Espírito que nela habita, o ensinamento, o depósito precioso, as palavras ouvidas da boca dos apóstolos;
- ela continua a ser ensinada, santificada e dirigida pelos apóstolos, até a volta de Cristo, graças aos que a eles sucedem na missão pastoral: o colégio dos bispos, assistido pelos presbíteros (padres), em união com o sucessor de Pedro (papa), pastor supremo da Igreja.

---

[10] Cf. ibid., nn. 830-831.

O Espírito deixado por Cristo e derramado sobre a Virgem Maria e os apóstolos em forma de fogo (cf. Atos 2,1-13) confere a missão de continuar no mundo a obra de Cristo. Nela o Reino também se manifesta.

A Igreja-comunidade

A Igreja Católica também se manifesta em nossas pequenas comunidades paroquiais de fé. A Igreja-comunidade é um lugar especial em nosso bairro. Pode ser simples, mas tem uma história de luta, de testemunho de muitos cristãos que levaram sua fé a sério. E assim como a igreja do bairro foi se transformando pouco a pouco em seu tamanho e aparência externa de edifício com torres, pinturas e bancos, a fé e o testemunho dos cristãos da comunidade também foram crescendo como o fermento na massa.

É muito interessante, especialmente para os pais e padrinhos mais afastados da comunidade, resgatar a memória daquelas pessoas consideradas verdadeiras colunas da comunidade. Cito o exemplo, a modo de ilustração e não menos verídico, de dona Emília da comunidade São João Batista, na zona leste paulistana. Eu a conheci quando estava paralisada na cama, sem poder andar. Seu testemunho de fé estimulou muitos membros atuantes da comunidade. Eles a admiravam porque bem nos inícios da comunidade, quando esta era apenas um grupo de rua que se reunia para as novenas e de vez em quando para a missa, aquela senhora mensalmente passava de porta em porta para recolher o envelope do dízimo. Com esse dinheiro e o entusiasmo de mais alguns, organizavam o conselho da comunidade, as crianças para a catequese e começaram a erguer o edifício da capela. Ela liderava o grupo e era a imagem da pessoa corajosa, vibrante pelo Evangelho e pelas celebrações litúrgicas.

Assim, a construção do edifício do templo acompanhou o crescimento da fé do primeiro grupo da comunidade. Como dona Emília, cada comunidade tem sua história de fé, verdadeiro testemunho da manifestação do Senhor junto de seu povo.

Todos os que trabalham na comunidade o fazem por uma consciência de fé, voluntariamente, sem recompensas financeiras.

Sentem o chamado do Senhor e evangelizam porque é grande a alegria de viver seguindo o Evangelho (por exemplo, os catequistas que se dedicam ao anúncio explícito da Palavra). Neles, encontramos muita generosidade e entrega, pois dedicam seu tempo e saber para o crescimento da comunidade. Igualmente, os ministros, os legionários, os vicentinos.

Também há o envolvimento de muitos cristãos nas chamadas pastorais sociais, como os membros da pastoral da saúde, da criança, que atendem à necessidade de muitos irmãos que passam por graves dificuldades. Elas colaboram para conscientizar a comunidade de fé e a sociedade sobre a situação de injustiça e de pecado a que diariamente são submetidos nossos irmãos.

Todos somos convidados a assumir uma postura madura, consciente e responsável diante da fé. Não podemos ignorar que nossa colaboração é básica e fundamental para irmos ao encontro da comunidade que sonhamos. A Boa-Nova nos leva ao testemunho e ao anúncio de tudo o que Deus realizou por nós. Pedro e João nos alertam: "*É certo que não podemos calar o que vimos e ouvimos*" (Atos 4,20). Ser Igreja hoje significa que temos fé e procuramos viver em conformidade a ela. Nesse caso, a Igreja não é somente o padre ou a sua hierarquia, e menos ainda seus templos de pedra. Por isso, os batizados deverão atuar com valentia na edificação da comunidade e na caridade social: "Vós, como pedras vivas, formai um edifício espiritual, um sacerdócio santo, a fim de oferecerdes sacrifícios espirituais, agradáveis a Deus, por Jesus Cristo" (1 Pedro 2,5).

Deus fez brilhar a glória de sua divindade no meio de seu povo. Mais do que nos escandalizarmos com nossos pecados como comunidade de fé, fiquemos atentos ao mistério de graça, de reconciliação e de amor que o Pai derrama por seu Espírito, que ultrapassa grandemente os limites de toda a comunidade.

Algumas dicas para equipe de Batismo

Apresentar a Igreja como templo vivo e como lugar de manifestação da glória do Senhor em sua Palavra e nos sacramentos.

Aprofundar o sentido de pertença à Igreja. Questionar a teologia da prosperidade para não enxergar a comunidade unicamente de forma utilitarista, "que me concede tal ou qual graça".

Apresentar um resumo da história da paróquia/comunidade, bem como algum testemunho mais relevante de cristãos colaboradores.

Apresentar as pastorais da comunidade, suas atividades evangelizadoras e sociais. O serviço que ela presta no âmbito de unir o povo, gerar consciência crítica, educar a fé para que não seja manipulada.

Cristãos não católicos podem ser padrinhos?

Muitas vezes surge na pastoral a situação de *uma pessoa de outra Igreja cristã querer ser padrinho ou madrinha de um batizando na Igreja Católica.* O Pe. Celson Altenhofen afirma que uma das condições para alguém ser admitido ao encargo de padrinho é que "seja católico" (cân. 874, § 1, n. 3). E o mesmo cânon acrescenta no § 2: "Quem é batizado e pertence a uma comunidade eclesial não católica só seja admitido junto com padrinho católico, e apenas como testemunha do Batismo".

Então, alguém de outra confissão cristã não pode ser padrinho de um batizando católico. Mas pode, junto com um católico, ser admitido como testemunha do batizado.

O "ser católico" é um requisito fundamental para alguém ser padrinho, pois o padrinho deve professar e viver a fé na qual a criança irá ser educada ou junto ao adulto a ser batizado.

Parte III
Subsídio e anexo

Subsídio

Rito para o Batismo de várias crianças[1]

RITOS DE ACOLHIDA

Chegada

33. A reunião começa, quando possível, à porta da igreja ou em outro lugar apropriado. A acolhida seja feita por quem preside e pela equipe de celebração.

Saudação

35. **Quem preside** inicia um diálogo espontâneo com os pais, padrinho e comunidade sobre o nome que escolheram para a criança, o desejo de batizá-la e suas disposições de educá-la na fé. Ou então diz:

Queridos pais e mães, vocês transmitiram a vida a estas crianças e as receberam como um dom de Deus, um verdadeiro presente. Que nome vocês escolheram para elas?

36. Os pais apresentam a criança à comunidade, dizendo o nome. Se for oportuno, ao final da apresentação, pode-se cantar uma aclamação ou bater palmas.

38. Quem preside convida pais e mães a dizer com as próprias palavras o que estão pedindo à Igreja:

Queridos pais e mães, o que pedem à Igreja de Deus para seus filhos e filhas?

40. Pede aos pais e às mães que manifestem sua disposição de educar na fé seus filhos ou filhas:

---

[1] *Ritual do Batismo de crianças*, cap. I. Os números laterais das rubricas e orações são os mesmos do *Ritual*.

Pelo Batismo, estas crianças vão fazer parte da Igreja. Vocês querem ajudá-las a crescer na fé, observando os mandamentos e vivendo na comunidade dos seguidores de Jesus?

Pais e mães: *Sim, queremos!*

41. Dirige-se agora aos padrinhos e madrinhas:

Padrinhos e madrinhas, vocês estão dispostos a colaborar com os pais em sua missão?

Padrinhos e madrinhas: *Sim, estamos!*

42. Pede também à comunidade que manifeste seu compromisso de fé e vida cristã:

E todos vocês, queridos irmãos e irmãs aqui reunidos, querem ser uma comunidade de fé e de amor para estas crianças?

Comunidade: *Sim, queremos.*

Sinal da cruz

Nosso sinal é a cruz de Cristo. Por isso vamos marcar estas crianças com o sinal do Cristo Salvador. Assim, N.N., nós as acolhemos na comunidade cristã.

44. O sinal da cruz na fronte das crianças é feito por quem preside, pelos pais e mães, padrinhos e madrinhas e, eventualmente, por algumas pessoas da comunidade.

Procissão de entrada

45. Se o rito de acolhida tiver sido feito à porta da igreja ou em outro local, faça-se uma procissão de entrada com o círio pascal, acompanhada de um canto.

46. Na celebração do Batismo fora da missa, quem preside conclui os ritos da acolhida com a oração:

Ó Deus, por vosso amor participamos do mistério da paixão e ressurreição de vosso Filho Jesus Cristo. Fortalecei-nos no Espírito Santo para que caminhemos na vida nova. Por Cristo, nosso Senhor.

Liturgia da Palavra

Proclamação das leituras e homilia

Oração dos fiéis

52. *Irmão e irmãs, supliquemos a misericórdia de Deus por estas crianças, por suas famílias, padrinhos e madrinhas, e por todo o Povo de Deus, cantando (dizendo):*

Todos: *Lembrai-vos, Senhor!*

Das crianças que hoje renascem da água e do Espírito.

Todos: *Lembrai-vos, Senhor!*

Das famílias que apresentam seus filhos para receber a vida nova do Batismo.

Todos: *Lembrai-vos, Senhor!*

Dos padrinhos e madrinhas que assumem o compromisso de ajudar seus afilhados a crescerem na fé.

Todos: *Lembrai-vos, Senhor!*

Desta comunidade que acolhe estas crianças como pedras vivas e escolhidas de vossa Igreja.

Todos: *Lembrai-vos, Senhor!*

Dos pastores e ministros, servidores da graça e do amor de Deus.

Todos: *Lembrai-vos, Senhor!*

De todas as pessoas que na comunidade se dedicam à missão evangelizadora.

Todos: *Lembrai-vos, Senhor!*

De todas as pessoas que promovem a justiça e a paz no mundo.

Todos: *Lembrai-vos, Senhor!*

54. Invocação dos santos

Santa Maria, Mãe de Deus.

Todos: *Rogai por nós!*

São João Batista.

Todos: *Rogai por nós!*

São José.

Todos: *Rogai por nós!*

São Pedro e São Paulo.

Todos: *Rogai por nós!*

Santa Maria Madalena.

Todos: *Rogai por nós!*

Todos os santos e santas de Deus.

Todos: *Rogai por nós!*

Oração

55. Quem preside, os pais e as mães, os padrinhos e as madrinhas impõem as mãos sobre a cabeça das crianças e fazem uma oração em silêncio. Após alguns instantes, quem preside reza com as mãos estendidas:

Ó Pai, Senhor da vida, enviastes vosso Filho ao mundo para nos libertar da escravidão do pecado e da morte. Lembrai-vos destas crianças que deverão enfrentar muitas vezes as tentações do mal. Libertai-as do poder das trevas. Dai-lhes a força de Cristo e a luz do vosso Espírito, para que, livres do pecado original, vivam sempre como vossos filhos e filhas no seguimento de Jesus. Que vive reina para sempre.

Todos: *Amém.*

Unção pré-batismal

57. As mães preparem as crianças de tal modo que a unção possa ser abundante e expressiva. O presidente reza a ação de graças sobre o óleo e a cada invocação a assembleia responde:

Todos: *Bendito seja Deus para sempre!*

60. Quem preside unge o peito de cada criança, dizendo:

O Cristo Salvador lhe dê a sua força. Que penetre em sua vida como este óleo em seu peito.

LITURGIA SACRAMENTAL

Oração sobre a água

Há quatro formulários quando a água precisa ser abençoada e mais dois quando se usa água já abençoada; em cada um deles a assembleia aclama de forma diferente.

Promessas do Batismo

68. A renúncia e a profissão de fé são partes de um só rito. A palavra "renunciar" poderá ser substituída por outra expressão equivalente, como: "lutar contra", "deixar de lado", "abandonar", "combater", "dizer não", "não querer".

Queridos pais e padrinhos, o amor de Deus vai infundir nestas crianças uma vida nova, nascida da água pelo poder do Espírito Santo. Se vocês estão dispostos a educá-las na fé, renovem agora suas promessas batismais:

Para viver na liberdade dos filhos de Deus, vocês renunciam ao pecado?

Pais e padrinhos: *Renuncio!*

Para viver como irmãos, vocês renunciam a tudo o que causa desunião?

Pais e padrinhos: *Renuncio!*

Para seguir Jesus Cristo, vocês renunciam ao demônio, autor e princípio do pecado?

Pais e padrinhos: *Renuncio!*

70. Quem preside convida pais e padrinhos a proclamarem a fé da Igreja. Pode-se sugerir um gesto nas respostas, como: levantar a mão ou pousá-la sobre o peito ou estendê-la em direção ao círio pascal.

Vocês creem em Deus Pai todo-poderoso, criador do céu e da terra?

Pais e padrinhos: *Creio!*

Vocês creem em Jesus Cristo, seu único Filho, nosso Senhor, que nasceu da Virgem Maria, padeceu e foi sepultado, ressuscitou dos mortos e subiu ao céu?

Pais e padrinhos: *Creio!*

Vocês creem no Espírito Santo, na Santa Igreja Católica, na comunhão dos santos, na remissão dos pecados, na ressurreição dos mortos e na vida eterna?

Pais e padrinhos: *Creio!*

71. *Esta é a nossa fé, que da Igreja recebemos e sinceramente professamos, razão de nossa alegria em Cristo, nosso Senhor.*

Todos: *Demos graças a Deus!*

Batismo

72. Cada família se aproxima da água batismal. **Quem preside**, citando o nome da criança, pergunta aos pais e padrinhos:

Vocês querem que N. seja batizado(a) na fé da Igreja que acabamos de professar?

Pais e padrinhos: *Queremos!*

N., eu te batizo em nome do Pai, e do Filho, e do Espírito Santo.

78. Concluído o Batismo de todas as crianças, pode-se realizar o rito de aspersão da assembleia.

Unção pós-batismal

79. Quando for grande o número de batizados, pode-se omitir esta unção.

Queridas crianças, pelo Batismo, Deus Pai as libertou do pecado e vocês renasceram pela água e pelo Espírito Santo. Agora fazem parte do Povo de Deus. Que ele as consagre com o óleo santo para que, inseridas em Cristo, sacerdote, profeta e rei, continuem no seu povo até a vida eterna.

Todos: *Amém.*

80. Quem preside unge, em silêncio, a cabeça de cada criança com o óleo do crisma.

Veste batismal

N.N., vocês nasceram de novo e se revestiram do Cristo; por isso trazem a veste batismal. Que seus pais e padrinhos os ajudem por sua palavra e exemplo a conservar a dignidade de filhos e filhas de Deus até a vida eterna.

Todos: *Amém.*

Rito da luz

83. **Quem preside** apresenta o círio pascal e diz:

Recebam a luz de Cristo.

Todos: *Demos graças a Deus!*

84. O pai ou, na sua ausência, o padrinho acende a vela no círio pascal.

Queridas crianças, vocês foram iluminadas por Cristo para se tornarem luz do mundo. Com a ajuda de seus pais e padrinhos caminhem como filhos e filhas da luz.

Todos: *Amém.*

Ritos finais

89. Se o espaço permitir, faz-se uma procissão até o altar, levando acesas as velas dos neófitos e cantando um cântico batismal. Todos rezam o Pai-Nosso e recebem a bênção final.

Anexo

Batismo nas Igrejas cristãs

O Batismo válido em outras Igrejas

Diversas Igrejas batizam, sem dúvida, validamente, pois ministram o Batismo a seus membros pela primeira vez, com água, em nome da Trindade.[1] Por isso, um cristão batizado numa delas não pode ser rebatizado, nem sequer sob condição. Essas Igrejas são:

- Igrejas ortodoxas (Igrejas de tradição apostólica, que não estão em plena comunhão canônica com a Igreja Católica Romana: greco-ortodoxa, antioquena, armênia, siriana, copta e outras);
- Igreja veterocatólica;
- Igreja Episcopal do Brasil (Anglicana);
- Igreja Evangélica de Confissão Luterana no Brasil (IECLB);
- Igreja Evangélica Luterana do Brasil (IELB);
- Igrejas metodistas (Metodista, Metodista Livre, Metodista Wesleyana);
- Igrejas presbiterianas (do Brasil, Independente, Unida, Renovada);

[1] Cf. *Código de Direito Canônico*, cân. 869, nota, p. 231.

- Igrejas batistas (das diversas Convenções);
- Igrejas congregacionais;
- Igrejas adventistas;
- e a maioria das Igrejas pentecostais (Assembleia de Deus, Congregação Cristã do Brasil, Evangelho Quadrangular, Deus é Amor, O Brasil para Cristo, Vida Nova).

As comunidades neopentecostais

Batizam validamente, quando ministram o Batismo pela primeira vez, com água e fórmula trinitária (Nazareno, Apostólica Fonte de Vida, Maranatha, Internacional da Graça de Deus, Renascer, outras). Se houver dúvida, aconselha-se o exame cuidadoso do caso.

Exército da Salvação

Não é classificada como "Igreja", nem mesmo costuma batizar com frequência. Mas, quando o faz, realiza-o de modo válido quanto ao rito.

O Batismo duvidoso

Há Igrejas de cujo Batismo se pode prudentemente duvidar, não por causa do rito, mas por causa da intenção de seus ministros: quando batizam por motivações de mera agremiação, mercadológicas ou simulando serem a Igreja Católica Romana. Por essa razão, requer-se, como norma geral, a administração de um novo Batismo *sob condição*. Incluem-se aqui: Igrejas brasileiras (hoje subdivididas em várias denominações); Igreja Universal do Reino de Deus e outras, caso manifestem as características de intenção elencadas.

O Batismo certamente inválido

a) Por não pronunciarem a forma trinitária, pois batizam apenas "em nome de Jesus": Igreja Pentecostal Unida do Brasil; Igreja de Jesus Cristo dos Santos dos Últimos Dias.

b) Por não professar fé trinitária nem pronunciar a fórmula: Testemunhas de Jeová (a rigor, nem mesmo a caracterizamos como "Igreja", por falta de fé trinitária).

Cristãos não católicos podem ser padrinhos?

Um católico, por motivo de parentesco ou amizade, pode servir de testemunha cristã de uma pessoa que vai ser batizada numa Igreja cristã não católica. De forma semelhante, quem for chamado para ser padrinho, e é batizado mas pertence a uma comunidade eclesial não católica, pode ser apenas testemunha do Batismo; nesse caso, estará junto com um padrinho católico.

Bibliografia

AMBRÓSIO DE MILÃO. *Os sacramentos e os mistérios*: iniciação cristã nos primórdios (ARNS, P. E. [introdução e tradução]; AGNELO, G. M. [comentários]). Petrópolis: Vozes, 1972. (Fontes da Catequese, n. 5).

ASSOCIAÇÃO COLOMBIANA PARA A FORMAÇÃO RELIGIOSA CATÓLICA. *O potencial religioso da criança*. São Paulo: Paulinas, 2008. (Deus e a criança, n. 1).

AZEVEDO, M. C. *Vivir la fe en un mundo plural*: discrepancias y convergencias. Estella: Verbo Divino, 1993.

BARROS, M. O segredo da água: por uma espiritualidade ecológica. *Diálogo: Revista de ensino religioso*, ano VIII, n. 32, out. 2003.

BENTO XVI. Exortação Apostólica pós-sinodal *Sacramentum Caritatis*: sobre a Eucaristia, fonte e ápice da vida e da missão da Igreja. São Paulo: Paulinas, 2007.

BRANDÃO, C. R. *Sacerdotes de viola*: rituais religiosos do catolicismo popular em São Paulo e Minas Gerais. Petrópolis: Vozes, 1981.

CATECISMO DA IGREJA CATÓLICA. São Paulo: Paulinas, 1998.

CNBB. *Batismo de crianças*. São Paulo: Paulinas, 1980. (Documentos da CNBB, n. 19).

———. *Diretório nacional de catequese*. São Paulo: Paulinas, 2006. (Documentos da CNBB, n. 84).

———. *Diretrizes gerais da ação evangelizadora da Igreja no Brasil – 1999-2002*. São Paulo: Paulinas, 1999. (Documentos da CNBB, n. 61).

———. *Diretrizes gerais da ação evangelizadora da Igreja no Brasil – 2008-2010*. São Paulo: Paulinas, 2008. (Documentos da CNBB, n. 87).

———. *Evangelização da juventude*: desafios e perspectivas pastorais. São Paulo: Paulinas, 2007. (Documentos da CNBB, n. 85).

———. *Exigências evangélicas e éticas de superação da miséria e da fome*. São Paulo: Paulinas, 2002. (Documentos da CNBB, n. 69).

———. *Pastoral dos sacramentos da iniciação cristã*. São Paulo: Paulinas, 1974. (Documentos da CNBB, n. 2a).

CÓDIGO DE DIREITO CANÔNICO. São Paulo: Loyola, 1987.

CODINA, V.; IRARRAZAVAL, D. *Sacramentos de iniciação*: água e espírito de liberdade. Petrópolis: Vozes, 1988. (Teologia e Libertação, s. IV, t. VI: A Igreja, sacramento da libertação).

CONCÍLIO VATICANO II. São Paulo: Paulinas, 1998.

CONGREGAÇÃO PARA A DOUTRINA DA FÉ. *Instrução sobre o Batismo de crianças*. São Paulo: Paulinas, 1980.

CONSELHO NACIONAL DE IGREJAS CRISTÃS DO BRASIL – CONIC. *Os casamentos interconfessionais*: uma visão teológico-pastoral. São Paulo: Paulinas, 2007.

FERNANDES, S. R. A. A mudança de religião no Brasil. *Família Cristã*, ano 72, n. 845, maio 2006.

III SEMANA LATINO-AMERICANA DE CATEQUESE. Discípulos e missionários de Jesus Cristo. *Revista de Catequese*, ano 29, n. 114, abr./jun. 2006.

IV CONFERÊNCIA GERAL DO EPISCOPADO LATINO--AMERICANO. *Santo Domingo*: conclusões. São Paulo: Loyola, 1982.

LELO, A. F. A iniciação cristã no Brasil. *Revista de Catequese*, ano 27, n. 107, jul./set. 2004, pp. 5-18.

OÑATIBIA, I. *Batismo e Confirmação*: sacramentos de iniciação. São Paulo: Paulinas, 2007.

MENEGUZZI, A. *Paixão de anunciar*: reflexões sobre o dia a dia na catequese. São Paulo: Paulinas, 2008.

MONTEIRO DA VIDE, S. *Constituições Primeiras do Arcebispado da Bahia, 1707*. 2. ed. São Paulo: Tipografia Dois de Dezembro, 1853.

RIBEIRO, D. O *povo brasileiro*: a formação e o sentido do Brasil. 2. ed. São Paulo: Companhia das Letras, 1996.

RITUAL DO BATISMO DE CRIANÇAS. São Paulo: Paulinas, 1994.

V CONFERÊNCIA GERAL DO EPISCOPADO LATINO--AMERICANO E DO CARIBE. *Documento de Aparecida*. São Paulo: Paulus/Paulinas, 2007.

VV.AA. Comissão de Estudos de História da Igreja na América Latina: história geral da Igreja na América Latina. *História da Igreja no Brasil*: ensaio de interpretação a partir do povo. Petrópolis: Vozes, 1992. t. II/1 e II/2.

VV.AA. *El bautismo de niños*. Barcelona: Centre de Pastoral Litúrgica, 1987. (Dossiers CPL, 23).

Paulinas
Rua Dona Inácia Uchoa, 62
04110-020 – São Paulo – SP (Brasil)
Tel.: (11) 2125-3500
http://www.paulinas.com.br – editora@paulinas.com.br
Telemarketing e SAC: 0800-7010081